고양이도 할 수 있는

Vue.js

Original Japanese title: KISO KARA MANABU Vue.js
by mio

Copyright ⓒ mio2018

Japanese edition published by C&R Institute, Inc.
Korean translation rights arranged with C&R Institute, Inc.
thorugh The English Agency (Japan) Ltd. and Danny Hong Agency

이 책의 한국어판 저작권은 대니홍 에이전시를 통한 저작권사와의 독점 계약으로 (주)제이펍에 있습니다.
저작권법에 의해 한국 내에서 보호를 받는 저작물이므로 무단전재와 복제를 금합니다.

고양이도 할 수 있는 Vue.js

1쇄 발행 2019년 5월 27일
2쇄 발행 2021년 2월 26일

지은이 mio
옮긴이 윤인성
펴낸이 장성두
펴낸곳 주식회사 제이펍

출판신고 2009년 11월 10일 제406-2009-000087호
주소 경기도 파주시 회동길 159 3층 3-B호 / **전화** 070-8201-9010 / **팩스** 02-6280-0405
홈페이지 www.jpub.kr / **원고투고** submit@jpub.kr / **독자문의** help@jpub.kr / **교재문의** textbook@jpub.kr

편집부 김정준, 이민숙, 최병찬, 이주원 / **소통기획부** 송찬수, 강민철 / **소통지원부** 민지환, 김유미, 김수연
진행 및 교정·교열 이주원 / **내지디자인** 최병찬 / **표지디자인** 미디어픽스
용지 에스에이치페이퍼 / **인쇄** 한승인쇄 / **제본** 광우제책사

ISBN 979-11-88621-54-5 (93000)
값 24,000원

제이펍은 독자 여러분의 아이디어와 원고 투고를 기다리고 있습니다. 책으로 펴내고자 하는 아이디어나 원고가 있는
분께서는 책의 간단한 개요와 차례, 구성과 저(역)자 약력 등을 메일(submit@jpub.kr)로 보내 주세요.

고양이도
할 수 있는
Vue.js

mio 지음 | 윤인성 옮김

제이펍

차례

CHAPTER 1 Vue.js 프레임워크의 기초 1

CHAPTER 3 이벤트와 입력 양식 79

CHAPTER 4　데이터 감시하고 가공하기　105

CHAPTER 8　Vuex로 애플리케이션 상태 관리하기　247

옮긴이 머리말

최근 프런트엔드 웹 개발 수준이 너무 올라가서, 어떤 방향으로 가야 하는지 잘 몰라 방황하는 초보자들이 많습니다.

프런트엔드 프레임워크라고 해서 리액트 책 등을 집었더니 시작부터 대뜸 Node.js가 나오고, 갑자기 ECMAScript 2019 등의 최신 자바스크립트 표준 이야기가 나오고, JSX 등의 템플릿 언어들이 나오니, 기초 같은 단어가 제목에 붙은 책인데도 챕터 하나 제대로 진행하지 못하고 너무 어려워서 포기하는 경우가 많습니다. 대부분 이때 'Node.js가 뭔지 잘 모르겠지만, 이걸 처음부터 공부하고 다시 와야 할 것 같아.'라든지, '내가 자바스크립트 개념이 완전히 부족했던 것 아닐까?'라는 생각을 하며 보던 책을 완전히 손에서 놓고 더 아래의 개념이라 생각되는 것을 공부하러 가는 경우가 많습니다.

일반적으로 이러한 공부 방법을 상향식(bottom-up)이라고 부릅니다. '내가 쉬운 것을 몰랐기 때문에 어려운 것을 못하는 것이다.'라는 생각으로 조금 아래 단계로 돌아갔다가 다시 올라가는 것이지요. 물론 어찌 보면 이것이 당연한 사고 흐름입니다.

하지만 혼자 공부할 때는 그것들이 서로 유의미한 관련성이 있는지 모를 때가 많습니다. 극단적인 비유이나, '내가 자동차 운전을 잘 못하는 것은 자동차 설계를 몰라서일 것이다.'라고 생각해서, 엉뚱하게 엔진과 조향 장치의 구조를 공부할 수도 있다는 의미입니다. 옆에 운전을 잘하는 사람이 있다면 "아냐, 그런 거 몰라도 이 정도

운전은 그냥 할 수 있어."라고 말해줄 수 있지만, 없다면 무턱대고 공부하다가 산으로 갈 수도 있는 것입니다.

이 책은 하향식(top-down) 방식을 지향하는 책으로, 습득해야 하는 개념이 굉장히 넓게 분산되어 있습니다. 그래서 처음 보는 개념이라도 어떻게든 함께 차근차근 진행할 수 있을 것입니다. 굉장히 많은 개념을 살펴보는데요. 사실 책이 두껍지 않아서 당연히 그렇게 깊게 들어가지는 않습니다. 하지만 이 책을 보고 나면 넓은 프런트엔드 세계를 앞으로 어떻게 여행해야 하는지, 다음과 같은 방향성을 잡을 수 있을 것입니다.

- 앞으로 Node.js를 공부해야겠다. 이럴 때 필요하니까 이런 부분을 집중해서 살펴봐야겠다.
- 클래스를 이러한 형태로 사용하는구나. 그럼 ECMAScript 최신 표준을 공부할 때 이 부분을 조금 더 자세히 보면 되겠다.
- 상태 관리가 무엇인지 잘 모르겠는데, 이 부분은 조금 더 살펴봐야겠다.

책의 소개는 머리말에서 하니, 옮긴이 머리말은 이정도로만 줄이겠습니다.

참, 일본 여행 중 편의점에서 컵라면(그것도 신라면)을 먹었는데요. 컵라면을 다 먹고 국물을 버리려 하니 남은 국물을 버리는 곳이 없더군요. 인터넷 검색을 했더니, "일본은 국물 버리는 곳이 없어서 다 마셔야 한다."라는 글을 보고 더 당황했는데요. 그때 도움을 주셨던 이 책의 저자 mio 님께 감사의 말씀을 드립니다.

또한, 책을 번역하는 데 도움을 주신 모든 분과 담당 편집자 이주원 님께도 감사의 말씀을 드립니다.

옮긴이 **윤인성**

머리말

📝 Vue.js란?

최근 프런트엔드 웹 개발과 관련된 내용을 살펴보다 보면 Vue.js라는 말을 들어 봤을 것입니다.

"프레임워크를 사용하면 너무 복잡해지는 것 같다.", "Node.js, webpack 등 알아야 하는 지식이 너무 많아진 것 같아서 어디부터 시작해야 할지 모르겠다."라는 등의 말도 많이 들어보지 않았나요?

일단, 정말 간단하게 Vue.js를 체험해 봅시다.

HTML

```html
<!DOCTYPE html>
<html>
<body>
  <div id="app">
    <h1>{{ message }}</h1>
  </div>
  <script src="https://cdn.jsdelivr.net/npm/vue@2.6.10"></script>
  <script>
    var app= new Vue({
      el:'#app',
      data: {
        message:'Hello Vue.js!'
```

```
    }
  })
  </script>
</body>
</html>
```

첫 애플리케이션이니 이 정도만 살펴보도록 하겠습니다.

Node.js와 webpack을 따로 사용하지 않아도 브라우저에서 이렇게 작성한 HTML 파일을 읽어 들이기만 하면 Vue.js 애플리케이션이 실행되며, 화면에 다음과 같이 출력됩니다.

Hello Vue.js!

화면에 'Hello Vue.js!'라고 출력되면, 이어서 '개발자 도구'의 콘솔에서 `app.message` 속성을 원하는 다른 문자열로 변경해 봅시다.

```
app.message = 'First Application!'
```

입력하면 화면의 텍스트가 다음과 같이 변경될 것입니다.

First Application!

이처럼 자바스크립트의 데이터를 변경하기만 하면, 렌더링 내용도 함께 변경되는 것을 **데이터 바인딩**이라고 부릅니다.

이러한 것을 처음 본 독자라면 '대체 뭐가 어떻게 된 거지?'라고 생각할 수도 있습니다.

🖌 Vue.js로 시작하는 모던 자바스크립트 개발

아주 먼 옛날의 자바스크립트는 커서 주변에 별을 출력해 주거나 정말 간단한 시계를 만드는 것이 주된 일이었습니다. 하지만 최근 몇 년 동안 웹 프런트엔드를 둘러싼 기술이 크게 진화하면서 다양한 기능이 구현되었으며, 이와 함께 자바스크립트로 할 수 있는 것들이 굉장히 늘어났습니다.

현대의 자바스크립트는 더 이상 웹 사이트를 장식하는 간단한 용도로만 사용되지 않습니다. 복잡한 UI 구축은 물론이고, 웹 사이트뿐만 아니라 데스크톱 애플리케이션과 모바일 애플리케이션의 UI 구축에도 사용되고 있습니다.

◆ 복잡한 자바스크립트 개발을 쉽고 즐겁게

여러 기능과 사용자 인터페이스를 가진 사이트는 그만큼 소스 코드를 많이 작성해야 하고, 설계와 유지 보수를 고민해야 합니다. 그런데 새로운 프로젝트를 시작할 때마다 아무것도 없는 상태에서 이러한 사이트를 구축하는 것은 굉장히 힘든 작업입니다.

Vue.js는 이러한 **고기능성의 사이트 구축**을 돕고 한번 만든 **리소스를 쉽게 재사용**할 수 있게 해줍니다. Vue.js는 데이터 바인딩을 포함해서 DOM과 관련된 다양한 기능을 제공하며, HTML과 자바스크립트가 조합된 컴포넌트라고 부르는 기능을 지원합니다.

◆ 프레임워크와 친구되기

'프레임워크는 큰 프로젝트에나 사용하는 것'이라는 생각을 가진 분도 있을 것입니다. 하지만 절대 그렇지 않습니다. Vue.js는 쉽고 간단하게 시작할 수 있게 하자는 콘셉트를 기반으로 만들어졌습니다.

아울러 새로운 개발 기술 습득에 도전하고 싶은 분에게도 최적의 프레임워크라고 할 수 있습니다.

Vue.js를 공부하는 일은 무엇보다도 굉장히 신기하고 즐겁습니다. Vue.js와 친구가 된다면 프런트엔드 개발이 지금까지 해왔던 것보다 훨씬 재미있어질 것입니다.

📝 이 책의 구성

이 책은 프레임워크를 처음 사용하는 분도 쉽게 배울 수 있도록 많은 그림을 사용해서 기능을 설명합니다. 물론, 그렇다고 간단한 내용만 다루는 것은 아닙니다. 이 책의 후반부에서는 실무에서 활용할 수 있는 내용도 다양하게 다룹니다. 이 책의 기본적인 구성은 다음과 같습니다.

◆ 전반부에서는 Vue.js의 기본적인 기능을 살펴봅니다

- 1장 Vue.js 프레임워크의 기초
- 2장 데이터 등록과 변경
- 3장 이벤트와 입력 양식
- 4장 데이터 감시하고 가공하기
- 5장 컴포넌트로 UI 부품 만들기
- 6장 트랜지션과 애니메이션

◆ 후반부에서는 생태계를 활용해서 본격적인 개발에 대해 살펴봅니다

- 7장 큰 규모의 애플리케이션 개발하기
- 8장 Vuex로 애플리케이션 상태 관리하기
- 9장 Vue Router로 SPA 만들기

학습 상황이나 목적에 맞추어 읽어 주세요.

지은이 **mio**

이 책을 읽는 방법

이 책은 Vue.js, Vuex, VueRouter, VueCLI를 쉽게 설명합니다. '프레임워크란 무엇인가?'라는 부분부터, Vue.js를 사용한 대규모 애플리케이션을 개발할 때 알아야 하는 지식까지 기능별로 설명합니다.

🖌 이 책의 지원 페이지

설명에서 사용하는 코드와 동작 데모의 일부는 다음의 지원 페이지에서 확인할 수 있습니다.

이 이외에도 다양한 정보를 제공하고 있으므로 반드시 책과 함께 참고하기 바랍니다.

- 이 책의 지원 페이지
  `URL` https://rintiantta.github.io/jpub-vue/

- 원서 지원 페이지
  `URL` https://github.com/mio3io/cr-vue[1]

---

1 `옮긴이` 지은이가 지원하는 페이지입니다. 새로운 정보 등이 올라왔을 때, 옮긴이에게 알려 주시면 추가로 번역해 올리도록 하겠습니다.

✍ 대상 독자

- 기본적인 자바스크립트와 jQuery만의 개발에서 한 단계 도약하고 싶은 분
- Vue.js 공식 가이드로 공부하려고 했는데, 이해하기 어려웠던 분
- 컴포넌트 및 상태 관리, Vue.js의 SPA 구축 방법을 공부하고 싶은 분
- 팀 구성원에게 Vue.js를 전파하고 싶은 분

◆ 이 책에서 다루는 내용

- Vue.js 자체와 관련된 설명
- Vuex, VueRouter 등의 Vue.js 플러그인 설명
- Vue CLI를 활용한 개발 환경 구축

◆ 이 책에서 다루지 않는 내용

- HTML, CSS, 자바스크립트 등의 기본적인 내용
- 서버 사이트 렌더링
- 자동 테스트

◆ 이 책을 읽는 데 필요한 기본 지식

HTML과 CSS에 대한 간단한 이해를 포함해서 문자열과 객체 조작, 함수 정의처럼 기본적인 자바스크립트 구문을 비롯해 중급 수준의 자바스크립트와 관련된 이해가 필요합니다[2].

추가로 7장 이후 부분은 Node.js 또는 명령 라인을 사용한 환경 구축과 ES2015(ES6) 의 사용을 알고 있다는 전제하에 내용을 진행합니다. 물론 간단히 설명하지만, 앞서 말한 것들을 아예 모른다면 진행하기 약간 어려울 수 있습니다[3].

✍ 학습 포인트

모두 다 읽고 갑자기 복잡한 것을 만들려고 하기보다는, 각각의 장을 읽을 때마다 간단한 코드를 작성해 보며 어떤 일이 일어나는지 살펴봅시다. 무엇을 했을 때 어떤

---

2 (옮긴이) 옮긴이가 집필한 《모던 웹을 위한 JavaScript + jQuery 입문》과 《모던 웹 디자인을 위한 HTML5 + CSS3 입문》 정도를 읽었으면 충분합니다.

3 (옮긴이) 옮긴이가 집필한 《모던 웹을 위한 Node.js 입문》 정도를 읽었으면 충분합니다.

오류가 발생하는지를 그때그때 확인하고 기억해 보는 것도 중요합니다.

차근차근 공부하면 어떤 부분에서 원하는 대로 동작하지 않을 때도 어디에서 문제가 발생하는 것인지 조금 더 쉽게 예측할 수 있을 것입니다. 각각의 장을 읽고 반드시 직접 코드를 작성해 보며 Vue.js 개발의 즐거움을 느껴 보기 바랍니다.

◆ 복잡한 내부 구조까지 알지 못해도 괜찮아요

Vue.js는 내부에서 여러 가지 일을 해줍니다. 내부적으로 굉장히 복잡한 구조를 가지고 있지만, Vue.js가 무엇을 해 주는지 그리 자세하게 알 필요는 없습니다. 우리는 Vue.js가 제공해 주는 몇 가지 규칙만 기억하면 됩니다.

물론, 그래도 프로그래머에게 있어서 복잡한 소스 코드를 보는 것은 재미있는 추리소설을 보는 것과 같습니다. 따라서 굉장히 재미있습니다. Vue.js가 내부적으로 어떻게 구현되어 있는지를 안다면 한 단계 더 나아가는 데 많은 도움이 될 것입니다.

관심이 있다면 Vue.js 또는 Vue.js의 소스 코드를 살펴보기 바랍니다.

◆ 브라우저 콘솔과 번역 도구 활용하기

브라우저에 기본적으로 내장되어 있는 개발자 도구의 콘솔에는 오류가 발생했을 때 '원인이 되는 줄 번호'와 '해결과 관련된 힌트 정보'가 출력됩니다. 크롬(Chrome)에서는 단축키 'Ctrl + Shift + I' 또는 메뉴 '도구 더보기'에 있는 '개발자 도구'의 'Console' 탭을 열어 주세요.

콘솔을 항상 띄워 두고, 영어를 잘 모를 경우에는 구글(Google) 번역기 등을 사용해서 반드시 오류를 읽어 주세요.

데이터의 내용을 확인하고 싶은 경우에는 Vue DevTools 또는 `console.log()`를 활용하면 좋습니다.

🖋 준비물

자신이 좋아하는 에디터를 준비해 주세요. 특별히 좋아하는 에디터가 없다면 Vue.js 개발 지원 전용 확장 기능을 제공하는 'Visual Studio Code'를 추천합니다.

추가로 6장까지의 설명에서는 각 언어의 코드를 다음과 같은 파일로 나누어서 작성합니다.

언어	파일
HTML	index.html
자바스크립트	main.js
CSS	main.css

🖌 온라인 에디터 활용하기

로컬 개발 환경을 준비하지 않고 브라우저상에서 자바스크립트를 적고 실행할 수 있는 환경을 사용해도 괜찮습니다.

◆ CodePen/JSFiddle

CodePen 또는 JSFiddle은 샘플 코드의 실행을 가볍게 확인하거나 공유할 때 사용할 수 있는 간단한 에디터입니다.

- **CodePen**
  URL https://codepen.io/

- **JSFiddle**
  URL https://jsfiddle.net/

◆ CodeSandbox

CodeSandbox는 브라우저상에서 Vue.js 단일 파일 컴포넌트도 작성해 볼 수 있습니다. 7장에서 설명하는 빌드 환경을 서비스상에서 자동으로 구축해 주는 기능도 제공해 줍니다.

- **CodeSandbox**
  URL https://codesandbox.io/

📝 개발 환경과 라이브러리 버전

이 책의 설명에서는 다음과 같은 환경을 사용합니다. 환경 또는 버전에 따라서 내용이 달라질 수도 있습니다.

Vue.js는 버전 2.6.10을 사용합니다. 버전 2.X 계열은 ECMAScript5(ES5)의 기능을 사용하므로, ES5 표준 브라우저에서만 사용할 수 있습니다. 즉, IE8 이하에서는 Vue.js 2.X 계열을 사용할 수 없습니다.

◆ 설명에서 사용하고 있는 환경

- OS: 윈도우 10
- 브라우저: 구글 크롬
- 에디터: 마이크로소프트 비주얼 스튜디오 코드(Microsoft Visual Studio Code)

◆ Vue.js와 추가 라이브러리 버전

- Vue.js 2.6.10
- Vuex 3.1.0
- Vue Router 3.0.6
- Vue CLI 2.9.6

◆ 이 이외의 라이브러리

2장의 코드에는 유틸리티 라이브러리 'Lodash'와 Ajax 전용 라이브러리 'axios'를 일부 활용합니다. CDN으로도 사용할 수 있습니다.

- Lodash CDN 4.17.11
  `URL` https://cdn.jsdelivr.net/npm/lodash@4.17.11/lodash.min.js

- Lodash 공식 문서
  `URL` https://lodash.com/

- axios CDN 0.18.0
  `URL` https://cdn.jsdelivr.net/npm/axios@0.18.0/dist/axios.min.js

- **axios 공식 문서**
  URL https://github.com/axios/axios

7장의 설명에서는 다음 라이브러리를 사용하기도 합니다.

- babel-polyfill 7.4.0

🎮 프런트엔드 개발과 관련된 용어

이 책의 설명 중에 등장하는 Vue.js 또는 프런트엔드 개발과 관련된 용어를 간단하게 설명하겠습니다.

◆ ECMAScript/ES

국제 표준화 단체인 Ecma International에서 책정한 자바스크립트의 표준 사양입니다. 브라우저의 자바스크립트 실행 환경은 이러한 사양을 기반으로 구현된 것입니다.

현재 사용되고 있는 대부분의 브라우저는 'ES5'를 지원하고 있으며, 브라우저에 따라서는 'ES2015(ES6)' 이후의 기능을 구현해서 제공하고 있는 경우도 있습니다.

ES2015부터는 사양을 매년 개정하기로 했습니다. 따라서 원래 ECMAScript4, ECMAScript5, ECMAScript6처럼 숫자를 붙이지 않고, ECMAScript 2015, ECMA Script 2016, ECMAScipt 2017처럼 연도를 붙여서 부르게 되었습니다.

◆ Vue DevTools

크롬 전용 확장 프로그램으로 Vue.js 개발을 지원해 주는 도구입니다. 반드시 사용해야 하는 것은 아니지만, 애플리케이션의 현재 데이터의 상태를 확인하거나 변수에 어떤 변경이 가해졌는지 추적하는 기능도 있어서 개발할 때 활용하면 굉장히 편리합니다.

크롬 웹 스토어에서 'Vue DevTools'를 검색하면 설치할 수 있습니다.

◆ 스코프

스코프(scope)란, 변수 또는 함수의 영향 범위를 의미하는 표현입니다. 예를 들어 밀폐된 상태 내부의 촛불은 밖으로 새어나오지 않으므로 상자 밖에는 조명의 영향이 없습니다. 상자 밖에서는 빛을 이용해서 책을 읽을 수도 없고, 불을 끄는 것도 불가능합니다. 심지어 조명이 있는지조차 알 수 없습니다. 이 예에서 상자가 바로 조명의 '스코프'가 된다고 할 수 있습니다.

◆ 폴리필

폴리필(Polyfill)은 오래된 웹 브라우저에서도 ECMAScript의 최신 메서드와 객체를 사용할 수 있게 해 주는 라이브러리를 부르는 명칭입니다.

◆ 문자열 표기 방법의 명칭

변수 이름 또는 파일 이름을 지을 때 사용하는 문자열 표기 방법의 명칭입니다.

명칭	표기 방법 예	설명
케밥 케이스	my-component	단어를 하이픈으로 구분하고, 모두 소문자로 입력하는 표기 방법입니다. HTML 사용자 정의 태그, 클래스 이름 등에 많이 사용됩니다.
카멜 케이스	myComponent	모든 단어를 연결한 뒤, 단어들의 연결 부위에 있는 첫 글자를 대문자로 입력하는 표기 방법입니다.
파스칼 케이스	MyComponent	모든 단어를 연결하고, 모든 단어의 첫 글자를 대문자로 입력하는 표기 방법입니다.

📝 소스 코드 내부의 ▼에 대해서

이 책에 적혀 있는 샘플 프로그램은 지면 관계상 하나의 샘플 프로그램이 여러 페이지에 걸쳐 적혀 있는 경우가 있습니다. 이런 경우에는 ▼를 표기했습니다.

베타리더 후기

🦋 김종욱(네이버)

이 책은 Vue.js의 기본적인 내용을 정리한 레퍼런스 역할을 합니다. 따라서 개인 프로젝트를 해당 책으로만 진행하기엔 다소 어려움이 있습니다. 하지만 프로젝트 진행용 자료를 곁들이면 최상의 학습 효과를 기대할 수 있습니다.

🦋 김진영(야놀자)

팀에서 새로 시작하는 프로젝트가 Vue.js를 사용한다는 것과 리액트를 사용하는 다른 회사의 프런트 개발자 분께서 첫 프런트 개발에 추천하는 것이 Vue.js였다는 점에서 Vue.js에 대한 흥미를 느껴 베타리딩을 신청했습니다. 기초부터 배우는 Vue.js라고는 하지만, npm조차 생소한 분이라면 자바스크립트와 npm 등에 대한 선행 학습이 필요해 보입니다.

🦋 노승헌(LINE Plus)

파이썬은 비개발자에게 가장 각광받는 언어입니다. 가볍게 쓸 수 있고 원하는 기능을 구현하기가 쉽기 때문입니다. 이 점은 Vue.js 역시 마찬가지입니다. 웹 프런트엔드 개발이라는 영역에서 전문적인 지식이 많지 않은 사람도 쉽게 원하는 것을 구현할 수 있도록 도와주기 때문입니다. 이 책은 Vue.js를 이용하여 빠르게 웹 기반의 무언가를 만들고자 하는 분들이 Vue.js의 기본적인 개념을 쉽게 익힐 수 있게 합니다. 저서로 여겨질 만큼 중요한 개념들을 놓치지 않고 꼼꼼하게 번역해서 국내 독자들에게도 좋은 반응을 얻을 것 같네요!

🦋 한홍근

Vue.js의 공식 문서를 더 상세하게 설명한 느낌을 받았습니다. 지은이가 입문자에 맞춰서 책을 구성해서 처음부터 어려움을 느낄 수 있는 내용은 가능한 한 절제하고 있습니다. 이 책을 통해 Vue에 입문하고 그 이후 공식 문서를 통해 심화된 내용을 학습한다면 더욱 도움이 될 것 같습니다.

🦋 황도영(NHN)

jQuery에서 벗어나 유연한 웹 페이지를 깔끔하게 개발하고 싶을 때, Vue는 좋은 선택지 중 하나라고 생각합니다. 이 책은 자바스크립트 문법을 알고 있는 독자를 대상으로 Vue의 기초부터 자주 사용되는 기능까지 안내합니다. 또한, 중간중간 잘 정리된 것으로 정평이 난 Vue의 공식 레퍼런스 URL을 제공함으로써 함께 공부할 수 있도록 구성되어 있습니다. Vuex가 나오면서 다소 내용이 어려웠지만, 전체적으로 깔끔한 구성을 갖췄다고 생각합니다. 내용과 편집 품질이 좋아 Vue를 복습하며 흥미롭게 읽을 수 있었습니다.

제이펍은 책에 대한 애정과 기술에 대한 열정이 뜨거운 베타리더의 도움으로
출간되는 모든 IT 전문서에 사전 검증을 시행하고 있습니다.

CHAPTER **1**

Vue.js
프레임워크의
기초

SECTION

01 Vue.js 개요

Vue.js(뷰 제이에스)는 Evan You가 개인 프로젝트로 시작해서 2014년에 배포한 비교적 최신 자바스크립트 프레임워크입니다.

- **Vue.js 공식 사이트**
  `URL` https://kr.vuejs.org/

뷰는 2015년에 PHP 프레임워크 '라라벨(Laravel)'의 프런트엔드 엔진으로 채용되면서 이름을 알리게 되었습니다. 2016년 후반에 배포된 버전 2에서는 가상 DOM을 채용하여 렌더링 성능이 비약적으로 향상되었습니다.

어도비(Adobe), 라인(LINE), 깃랩(GitLab)을 포함한 유명 기업과 프로젝트에서 널리 사용되고 있으며, Awesome Vue에서 사용되고 있는 다양한 예를 확인할 수 있습니다.

- **Awesome Vue 깃허브**
  `URL` https://github.com/vuejs/awesome-vue

🖋 왜 Vue.js일까?

최근 몇 년 동안 프런트엔드와 관련된 활동이 활발하게 이루어졌고, 수많은 자바스크립트 프레임워크가 개발되었습니다. 그중에서도 Vue.js는 인기가 높습니다. 자바스크립트 프로젝트 중에서 깃허브(GitHub)에서의 인기를 나타내는 스타(star) 수가 2016, 2017년 연속 1위를 기록했습니다.

이렇게 인기가 사그라들지 않는 이유는 **적은 학습 비용, 스케일의 유연성, 충실한 공식 문서** 등이 있습니다.

◆ 진입 장벽이 낮고 학습 비용이 적음

Vue.js는 webpack 등의 번들러와 프리 컴파일러가 필요 없습니다. 파일 하나만 읽어 들이면, 코드 작성을 곧바로 시작할 수 있습니다. 이는 jQuery와 비슷한 수준으로, 그만큼 도입과 사용이 쉽습니다.

Vue.js로 'Hello World!'라는 문자를 화면에 출력할 때, 지은이는 jQuery를 처음 사용할 때의 두근거림을 느꼈습니다. 처음부터 재미있어서 공부하면서도 '어떻게 해서든 잘 이해해서 진행하고 싶다!'라는 긍정적인 마음을 가졌었답니다.

◆ 스케일의 유연성

Vue.js 자체는 view와 관련된 귀찮은 처리를 사람 대신 관리해 주는 라이브러리입니다. 스크립트 태그로 읽어 들이는 스탠드얼론(standalone) 버전을 사용하면, 페이지의 일부만을 인터렉티브하게 만드는 등의 단순한 목적으로도 쉽게 사용해 볼 수 있습니다.

반대로 확장 기능과 개발 지원 도구도 많이 제공되어, 큰 규모의 단일 페이지 애플리케이션도 만들 수 있는 프레임워크입니다.

◆ 한국어 문서

Vue.js 라이브러리 자체와 관련된 문서뿐만 아니라, 스타일 가이드 등이 한국어로 번역되어 있습니다. 이는 Vue.js 커뮤니티의 사람들이 활발하게 활동하고 있기 때문입니다.

✍ 프레임워크란?

그럼 프레임워크라는 것은 대체 무엇일까요?

여러 기능이 결합된 애플리케이션을 만들다 보면, 어느 순간 설계의 벽에 부딪히는 경우가 있습니다. '어떻게 데이터를 구성하고, 어떻게 기능을 연계하는 것이 가장 좋을까?'를 고민하게 되기 때문입니다.

설계는 프로그램을 만들 때 굉장히 중요한 것입니다. 코드의 가독성과 유지보수성을 비롯한 많은 것들이 설계에 의해서 결정됩니다. 특히, 여러 기능을 가진 큰 규모의 애플리케이션을 설계하려면 굉장히 많은 지식과 경험이 필요합니다.

◆ 프레임워크는 설계를 도와주는 것

프레임워크는 이러한 설계를 도와주는 것입니다. 프레임워크는 애플리케이션의 뼈대가 되는 기본적인 기능과 규칙을 제공해 줍니다.

프레임워크는 라이브러리와 다릅니다. 라이브러리를 사용할 때는 라이브러리라는 부품을 조합해서 **전체**를 만들어 나가지만, 프레임워크를 사용할 때는 프레임워크가 사용할 **부품**을 우리가 만들어 나가는 것입니다.

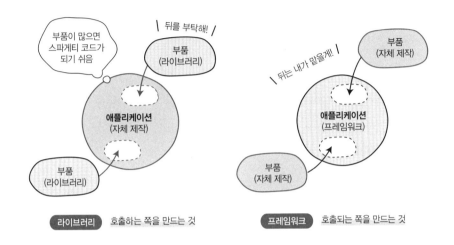

애플리케이션을 만들 때 프레임워크의 규칙에 따라서 필요한 코드를 추가하면 되므로 적은 코드로도 만들고 싶은 것을 쉬우면서도 효율적으로 만들 수 있습니다. 또한, 규칙이 정해져 있어서 코드를 일정한 기준에 따라 작성할 수 있다는 것도 장점입니다.

이렇게 개발 비용을 낮출 수 있기 때문에 숙련된 프로그래머들은 프레임워크를 사용해서 애플리케이션을 만드는 경우가 많습니다.

처음 Vue.js를 사용할 때 의식해야 하는 것은, 화면을 렌더링하는 **구조 자체는 DOM이 아니라 자바스크립트 데이터**라는 것입니다. DOM이 먼저 존재하고, 이것을 읽어 들인 후에 조작하는 것이 아니라 데이터가 먼저 존재하고 이 데이터를 기반으로 적절한 DOM을 구축한다는 것입니다.

데이터의 상태에 따라 렌더링이 변경되며, 때에 따라서는 자동으로 액션을 일으키기도 합니다. 이처럼 데이터를 중심으로 하는 애플리케이션 설계를 **데이터 지향**(Data Driven)이라고 부릅니다.

이해하기 쉬운 템플릿

Vue.js는 DOM을 구축하는 방법으로 **템플릿**이라는 것을 주로 사용합니다. 템플릿 구문은 HTML을 기반으로 하므로, 텍스트 에디터와 함께 쉽게 사용할 수 있습니다. 또한, 엔지니어와 디자이너가 함께 공동 작업을 하는 것도 쉽습니다.

템플릿과 로직을 연결할 때는 템플릿 내부에 독자적인 속성으로 '디렉티브'라는 기능을 입력해서 사용합니다.

HTML

```html
<div v-if="show">Hello Vue.js!</div>
```

v-if처럼 처음 보는 이상한 속성을 사용하는 것이 처음에는 이상할 수도 있습니다. 하지만 이는 가상 DOM을 만들기 위한 단순한 템플릿 기법이므로 두려워하지 마세요. 참고로 이러한 속성은 DOM에 반영되기 전에 Vue.js에 의해 컴파일되며, 이후에는 내부적으로만 사용됩니다.

◆ 루트 템플릿

애플리케이션을 화면에 출력하려면 일단 어떤 요소에 배치할지를 결정해야 합니다.

HTML

```html
<body>
  <div id="app"></div><!-- 여기에 배치할 예정입니다. -->
</body>
```

요소의 배치 위치는 body 내부에 있다면 어떤 곳이나 괜찮습니다. 또한, 해당 요소를 선택할 수만 있다면, 어떤 선택자를 사용해도 괜찮습니다. 이 책에서는 간단하게 body 바로 아래에 배치하고, 선택자는 #app으로 사용하겠습니다. 배치할 요소와 애플리케이션을 연결하는 것을 마운트(mount)라고 부릅니다.

간단한 애플리케이션이라면 루트 템플릿을 #app 내부에 직접 작성하는 것도 가능하므로, 6장에서는 이 방법을 사용해서 설명하겠습니다.

☑ 데이터 바인딩

첫 샘플 코드에서도 살펴보았던 것처럼, 데이터와 렌더링을 동기화하는 구조를 데이터 바인딩이라고 부릅니다.

HTML을 사용해서 만든 UI를 조작할 때 빼놓을 수 없는 것이 view의 상태 관리(DOM 변경과 상태 관리)입니다. 예를 들어, 라이브러리를 하나도 사용하지 않고 자바스크립트로만 특정 요소의 텍스트를 변경하고 싶을 경우에는 다음과 같은 코드를 사용해야 합니다.

JavaScript

```javascript
var el = document.getElementById('text')   // 요소 찾기
el.innerText = '새로운 글자'              // 요소 변경하기
```

굉장히 간단한 처리처럼 보이지만, UI 패턴이 많아지면 DOM을 변경하는 코드가 굉장히 많은 부분을 차지하게 됩니다. 이는 굉장히 귀찮은 작업입니다. 사람이 작성하는 이상 실수가 발생할 수도 있으며, 이로 인해 버그가 발생하기도 합니다.

만약 EC 사이트 또는 금융 사이트에서 금액 표시가 잘못된다면, 큰 문제가 발생할 것입니다.

◆ DOM 변경을 프레임워크에 맡기기

그래서 데이터 바인딩 형태의 라이브러리와 프레임워크가 주목을 받기 시작했습니다. 데이터 바인딩이란 '자바스크립트 데이터'와 '이를 사용하는 위치'를 연결해서, 데이터에 변경이 있을 때 자동으로 DOM을 업데이트하는 기능입니다.

Vue.js도 데이터 바인딩과 관련된 수많은 기능을 가지고 있으며, 디렉티브라는 것을 기반으로 이러한 기능을 HTML과 비슷한 형태로서 쉽게 적용할 수 있습니다.

🖋 'v-'로 시작하는 디렉티브

지금부터 작성할 Vue.js 템플릿에는 이전에 살펴보았던 v-if 외에도 v-bind나 key 등의 익숙하지 않은 속성이 나옵니다. 이는 모두 특별한 역할을 가지고 있는 속성입니다. 특히 v-로 시작하는 속성은 디렉티브라고 부르며, 주로 데이터 바인딩과 관련된 처리를 실시합니다.

그리고 중요한 점은 디렉티브의 값이 **자바스크립트 표현식**이라는 것입니다.

HTML

```
❶ <div key="id"></div>
❷ <div v-bind:key="id"></div>
```

❶과 ❷는 모두 key 속성에 id라는 값을 지정하는 예입니다. 하지만 실질적으로 내용이 다릅니다.

❶의 값은 단순하게 'id'라는 문자열을 지정하는 것입니다.

❷는 v-bind:key로 이름이 v-로 시작하는 디렉티브이므로, 값은 'id라는 자바스크립트 변수'를 나타냅니다. 즉, 애플리케이션에 등록되어 있는 데이터 전용 객체의 id라는 속성을 나타냅니다.

반대로 속성 이름이 v-로 시작하지 않으면, 값은 모두 문자열이라고 생각하면 됩니다(5장의 '슬롯'에서 설명하는 slot-scope와 같은 예외도 있기는 합니다).

디렉티브는 옵션으로 매개변수 또는 장식자를 붙일 수 있습니다. 예를 들어 v-bind 는 다음과 같이 사용합니다.

이러한 v-bind와 key 같은 독자적인 속성은 이후에 차근차근 설명하겠습니다.

🎨 컴포넌트 지향 화면 구축

사이트의 규모가 커지면 자바스크립트, HTML, CSS의 소스 코드가 굉장히 난잡해 집니다. 자바스크립트와 CSS가 어떤 부분에 구현되어 있는지, 어떤 기능이 어떤 HTML과 연결되어 있는지 확인하기 힘들어집니다.

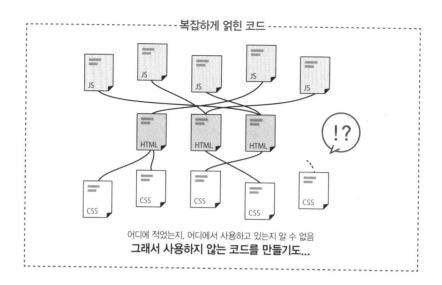

복잡하게 얽힌 코드

어디에 적었는지, 어디에서 사용하고 있는지 알 수 없음
그래서 사용하지 않는 코드를 만들기도...

Vue.js의 **컴포넌트**는 기능별로 자바스크립트와 템플릿을 하나의 세트로 묶어서, 다른 기능과 분리하여 개발할 수 있도록 해 주는 기능입니다.

컴포넌트의 기본 기능은 HTML과 자바스크립트를 세트로 만들어 주는 것입니다. 하지만 단일 파일 컴포넌트(7장에서 설명합니다)를 사용할 수 있는 환경에서는 HTML과 자바스크립트 이외에도 CSS까지 세트로 만들 수 있습니다.

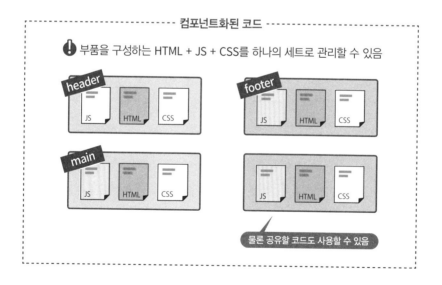

컴포넌트화된 코드

부품을 구성하는 HTML + JS + CSS를 하나의 세트로 관리할 수 있음

header
footer
main

물론 공유할 코드도 사용할 수 있음

이처럼 세트로 만들면 관련 있는 소스 코드들을 쉽게 확인할 수 있습니다.

극단적으로, 로직과 관계없이 단순하게 HTML 코딩의 효율화를 위해 컴포넌트를 만드는 경우도 있습니다.

▼ Nuxt.js

▼ VuePress

정적 사이트를 만들 때 사용할 수 있는 Vue.js 확장 프레임워크

◆ 컴포넌트가 늘어나도 괜찮아요!

컴포넌트는 Vue.js의 굉장히 강력한 기능입니다. 컴포넌트를 조합하면 페이지를 구조화해서 만들 수 있습니다. 다만 컴포넌트를 어느 정도의 규모로 분할할지는 개발자의 자유입니다. 컴포넌트가 복잡하게 구조화되었을 경우, 'Vuex'와 'Vue Router'라는 확장 기능을 사용해서 손쉽게 스케일업할 수 있습니다.

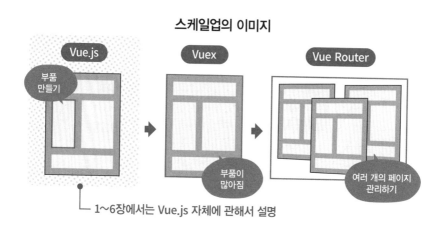

스케일업의 이미지

일단 Vue.js 개발은 물론이고 Nuxt.js와 NativeScript-Vue와 같은 Vue.js를 기반으로 하는 프레임워크를 사용할 때도 필요한, Vue.js 자체의 사용 방법을 살펴보도록 합시다.

03 풍부한 리소스 활용하기

기능을 가진 있는 컴포넌트를 직접 만들려면, 코드를 작성해서 하나하나 구현해야 합니다. 하지만 인터넷에는 쉽게 재사용할 수 있는 Vue.js 전용 컴포넌트가 많이 공개되어 있습니다. 예를 들어서 jQuery UI와 부트스트랩(Bootstrap) 같은 프레임워크를 사용하지 않더라도, 동등한 기능을 가진 Vue.js에 최적화된 UI를 찾을 수 있습니다.

모달 대화 상자 또는 슬라이더와 같은 범용적인 것들은 'AwesomeVue'와 'Vue Curated'라는 사이트에서 쉽게 확인할 수 있습니다.

추가로 Vue.js와 함께 사용하기 좋은 Ajax 라이브러리도 확인할 수 있습니다.

- **Awesome Vue 깃허브**
  URL https://github.com/vuejs/awesome-vue

- **Vue Curated**
  URL https://curated.vuejs.org/

▼ Vue Curated

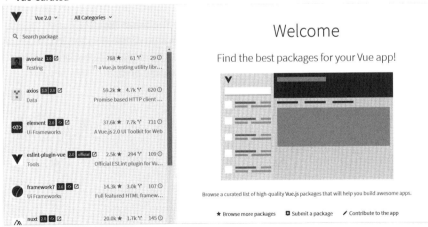

굉장히 많은 리소스가 있습니다. 이번 절에서는 두 가지만 살펴보도록 하겠습니다.

🎨 Element

Element는 풍부한 컴포넌트와 아름다운 디자인으로 인기가 높은 웹 사이트 전용 UI 컴포넌트 모음입니다.

- **Element 공식 사이트**
  URL http://element.eleme.io/

▼ Element 컴포넌트

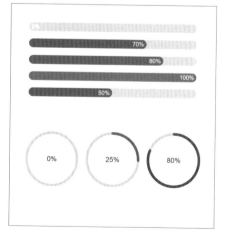

슬라이더, 날짜 피커, 드래그 앤 드롭을 활용할 수 있는 입력 양식, 그룹 입력 양식 등 다양한 기능을 제공해 줍니다.

Onsen UI

Onsen UI는 하이브리드 모바일 애플리케이션 전용 UI 컴포넌트입니다. 머티리얼 디자인을 기반으로 만들어진 직감적인 UI/UX가 특징입니다.

- Onsen UI 공식 사이트
  URL https://onsen.io/

▼ Onsen UI를 사용한 모바일 전용 애플리케이션의 예

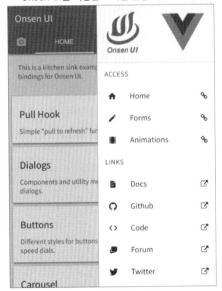
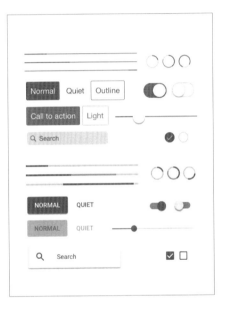

네이티브 iOS와 안드로이드 디자인 가이드를 따르는 디자인과 기능을 가지고 있습니다. 그러므로 Onsen UI를 사용하면 쉽게 모바일 인터페이스를 구축할 수 있습니다.

이러한 리소스를 활용하면, 적은 분량의 코드만 사용해도 굉장히 세련된 UI를 만들 수 있습니다.

04 Vue.js 설치하기

그럼 Vue.js 개발을 위한 준비를 시작해 봅시다.

6장까지는 <script> 태그로 파일을 읽어 들이기만 하면 사용할 수 있는 스탠드얼론(Standalone) 버전의 'Vue.js' 파일을 사용합니다. 개발 중에 발생하는 오류를 확인할 수 있게 개발 버전(min 파일이 아닌 것)을 사용하도록 합시다. 이후에 실제로 배포할 때는 'vue.js'를 'vue.min.js'로 변경해서 최적화된 배포 버전 파일을 사용해 주세요.

📝 vue.js 파일 읽어 들이기

스탠드얼론 버전의 Vue.js는 다운로드하거나 CDN으로 사용할 수 있습니다.

◆ vue.js 파일 다운로드하고 읽어 들이기

Vue.js 공식 사이트에서 파일을 다운로드합니다.

- Guide > Installation > Direct <script> Include
  URL https://vuejs.org/v2/guide/installation.html

이 책의 설명에는 2.6.10 버전을 사용합니다. '2.x' 계열의 버전이라면 최신 버전을 사용해도 큰 문제가 없을 것입니다. 하지만 책의 설명 내용과 일치하지 않는 변경이 발생할 수도 있으므로 주의하기 바랍니다.

- Vue.js 스크립트 파일 최신 버전
  URL https://vuejs.org/js/vue.js

- Vue.js 스크립트 파일 2.6.10 버전
  URL https://unpkg.com/vue/dist/vue.js

◆ CDN을 사용해서 Vue.js 읽어 들이기

인터넷에 접속할 수 있는 환경이라면 CDN을 사용해도 됩니다.

```html
<script
  src="https://cdn.jsdelivr.net/npm/vue@2.6.10/dist/vue.js"></script>
```

📝 공부 전용 파일

공부를 위한 기본적인 형태로 다음과 같은 소스 코드를 사용하겠습니다.

▼ index.html

```html
<!DOCTYPE html>
<html lang="ko">
<head>
  <meta charset="utf-8">
  <title>Vue.js App</title>
  <link href="main.css" rel="stylesheet">
</head>
<body>
  <div id="app">
    <!-- 여기 #app 내부에 템플릿을 출력할 것입니다. -->
  </div>
  <script
    src="https://cdn.jsdelivr.net/npm/vue@2.6.10/dist/vue.js"></script>
  <script src="main.js"></script>
</body>
</html>
```

▼ main.js

```javascript
var app = new Vue({
  el: '#app'
})
```

'이 책을 읽는 방법'에서 소개했던 Lodash와 axios도 중간중간 사용하므로, 미리 읽어 두면 좋습니다.

콘솔 로그에 다음과 같이 개발 모드로 동작되고 있다는 메시지가 출력되는지 확인해 주세요.

```
You are running Vue in development mode.
```

<img> Vue 애플리케이션 생성하기

Vue 생성자 함수를 사용해서 Vue 인스턴스를 생성합니다. 루트와 컴포넌트 옵션 정의 방법은 거의 같습니다. 따라서 이 책에서는 편의상 루트의 옵션도 모두 '컴포넌트 옵션'이라고 부르겠습니다.

JavaScript

```javascript
var app = new Vue({
  // 옵션
})
```

리턴 값은 루트 인스턴스이며, 이를 활용하면 콘솔 등에서 디버그할 때 사용할 수 있습니다. 다만 이처럼 반드시 변수로 만들 필요가 있는 것은 아닙니다.

변수에 할당할 경우, 관례적으로 app 또는 vm(ViewModel의 약자)라는 변수 이름을 사용합니다.

다음과 같은 오류는 #app 태그가 아직 DOM으로 읽어 들여지지 않을 때 발생합니다.

```
[Vue warn]:Cannot find element:#app
```

이러한 경우에는 인스턴스 생성 부분(new Vue())를 body 태그의 마지막 부분에 옮기거나, 다음과 같이 DOMContentLoaded의 이벤트 핸들러 내부에서 new Vue()를 해 주세요.

JavaScript

```javascript
document.addEventListener('DOMContentLoaded', function() {
  window.app = new Vue()
})
```

05 Vue.js의 기본 기능

Vue.js의 기능은 디렉티브와 템플릿을 연동하는 형태로 사용합니다. HTML에 익숙한 독자라면 직감으로 동작을 파악할 수 있다는 것이 Vue.js가 인기 있는 이유 중하나입니다.

몇 가지 기능은 본격적인 설명을 하기 전에 사용해야 하므로, 미리 간단하게 짚고 넘어가겠습니다.

📝 텍스트 바인딩

템플릿에 다음과 같이 속성 이름을 작성하면, 해당 위치에 값이 렌더링됩니다.

HTML

```html
<p>{{ message }}</p>
```

JavaScript

```javascript
var app = new Vue({
  el: '#app',
  data: {
    message:'Hello Vue.js!'
  }
})
```

▼ 실제 렌더링 결과

HTML

```html
<p>Hello Vue.js!</p>
```

옵션에 정의한 데이터는 다음과 같이 외부에서 접근할 수 있습니다.

```javascript
console.log(app.message) // -> Hello Vue.js!
```

app.data.message가 아니라는 점에 주의해 주세요.

📝 반복 렌더링

기사 목록 또는 상품 목록과 같은 리스트는 data 옵션에 등록한 배열 또는 객체에 v-for 디렉티브를 적용해서 반복 렌더링할 수 있습니다.

HTML

```html
<ol>
  <li v-for="item in list">{{ item }}</li>
</ol>
```

JavaScript

```javascript
var app = new Vue({
  el: '#app',
  data:{
    list: ['사과', '바나나', '딸기']
  }
})
```

▼ 실제 렌더링 결과

HTML

```html
<ol>
  <li>사과</li>
  <li>바나나</li>
  <li>딸기</li>
</ol>
```

다음 코드를 콘솔에 입력해 보면, 화면 위의 리스트에 요소가 추가되는 모습을 볼 수 있습니다.

```javascript
app.list.push('오렌지')
```

🖋 이벤트 사용하기

'클릭했을 때', '선택한 요소가 변경되었을 때'처럼 DOM 이벤트 바인딩(이벤트 연결)을
할 때는 3장에서 설명하는 v-on 디렉티브를 사용합니다. 다음 예는 버튼을 클릭했
을 때 handleClick 메서드가 호출됩니다.

HTML

```html
<button v-on:click="handleClick">Click</button>
```

JavaScript

```javascript
var app = new Vue({
  el: '#app',
  methods:{
    handleClick:function(event) {
      alert(event.target) // [object HTMLButtonElement]
    }
  }
})
```

이는 addEventListener 또는 jQuery의 $(element).on 메서드와 비슷하게 작
용합니다.

🖋 입력 양식과 동기화하기

데이터와 입력 양식 입력 항목을 바인딩할 때는 3장에서 설명하는 v-model 디렉
티브를 사용합니다. 입력 또는 선택을 하면, 곧바로 데이터와 DOM에 반영됩니다.

HTML

```html
<p>{{ message }}</p>
<input v-model="message">
```

JavaScript

```javascript
var app = new Vue({
  el: '#app',
```

```
  data:{
    message: '초기 메시지'
  }
})
```

이 예에서는 입력 양식에 입력한 문자와 <p> 요소의 문자를 동기화합니다.

`.number` 장식자를 추가하면 입력 값을 숫자로도 받을 수 있습니다.

HTML

```html
<input v-model.number="count">
```

📝 조건 분기

2장에서 설명하는 `v-if` 디렉티브를 사용하면, 템플릿 기반의 조건 분기를 실시할 수 있습니다. 다음 예는 show 속성이 true일 때만 <p> 요소를 렌더링합니다.

HTML

```html
<p v-if="show">Hello Vue.js!</p>
```

JavaScript

```javascript
var app = new Vue({
  el: '#app',
  data: {
    show: true
  }
})
```

다음 코드를 콘솔에 입력하면, 화면에 있는 <p> 요소가 DOM에서 제거되는 것을 확인할 수 있습니다.

```
app.show = false
```

🦑 트랜지션과 애니메이션

6장에서 설명하는 네스트 컴포넌트인 <transition> 태그를 사용하면, 템플릿 내
부의 요소들에 CSS 트랜지션과 애니메이션을 손쉽게 적용할 수 있습니다.

HTML

```
<button v-on:click="show=!show">변경하기</button>
<transition>
  <p v-if="show">Hello Vue.js!</p>
</transition>
```

JavaScript

```
var app = new Vue({
  el: '#app',
  data:{
    show: true
  }
})
```

<transition> 태그로 감싼 요소에 다음과 같은 CSS를 정의해 봅시다.

CSS

```
.v-enter-active, .v-leave-active {
  transition: opacity 1s;
}
/* opacity:0에서 1까지 페이드인&페이드아웃하기 */
.v-enter, .v-leave-to {
  opacity: 0;
}
```

현재 예제는 페이드인 효과와 페이드아웃 효과를 적용하고 있습니다.

Vue.js의 템플릿은 이러한 다양한 역할을 가진 디렉티브와 사용자 정의 태그를 조합
해서 만듭니다. 다음 장부터 이와 관련된 내용들을 자세하게 다루도록 하겠습니다.

SECTION

06 옵션의 구성 살펴보기

옵션에 사용할 데이터와 메서드를 정의합니다.

🖋️ 기본적인 옵션 구성

대표적인 옵션부터 살펴보겠습니다. 지금 당장 이해하지 못해도 괜찮습니다. '대충 이런 형태가 되는구나'라고만 생각해 주세요.

```
var app = new Vue({

  el: '#app',

  data: {
    message: 'Vue.js'
  },

  computed: {
    computedMessage: function () {
      return this.message + '!'
    }
  },

  created: function() {
      하고 싶은 처리
  },

  methods: {
    myMethod: function() {
        하고 싶은 처리
    }
  }

})
```

1 마운트할 요소
2 애플리케이션에서 사용할 데이터
3 산출 속성
4 라이프 사이클 훅
5 애플리케이션에서 사용할 메서드

☑ el — 마운트할 요소

el에는 애플리케이션 인스턴스를 적용할 요소를 나타냅니다. 선택자 형태로 지정합니다.

```javascript
new Vue({
  el: '#app'
})
```

☑ data — 데이터

data는 애플리케이션에서 사용할 데이터를 나타냅니다. 객체 또는 배열로 지정하는 것이 일반적입니다.

```javascript
new Vue({
  el: '#app',
  data: {
    message: 'Vue.js'
  }
})
```

☑ computed — 산출 속성

computed는 data와 비슷하게 사용하는 '함수로 인해 산출되는 데이터'라고 볼 수 있습니다. 이 데이터를 '산출 속성'이라고 부르는데요. 4장에서 자세하게 다루도록 하겠습니다.

```javascript
new Vue({
  el: '#app',
  computed: {
    computedMessage: function() {
      // 어떤 처리를 해서 결과 리턴하기
      return this.message + '!'
    }
```

```
  }
})
```

🖋 created — 라이프 사이클 훅

라이프 사이클이란 Vue.js의 '기상'과 '취침'까지의 일정한 사이클을 나타낸 것입니다. Vue.js는 이러한 라이프 사이클을 미리 등록해서 적절한 시기에 자동으로 호출합니다. 이러한 시점을 낚아채서(Hook) 우리가 원하는 처리를 할 수 있게 하는 것을 훅 (Hook)이라고 부릅니다.

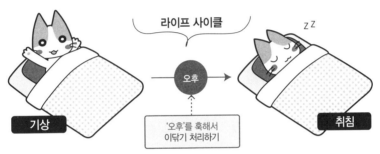

라이프 사이클

오후

'오후'를 훅해서
이닦기 처리하기

기상

취침

Z Z

훅 = 미리 정해진 시점의 처리를 낚아채는 것

◆ 사용할 수 있는 라이프 사이클

created는 라이프 사이클 훅 중 하나입니다.

Vue 인스턴스가 생성되고, 데이터 감시 등의 리액티브 시스템과 관련된 초기화가 끝 났을 때, created 메서드가 자동으로 호출됩니다.

JavaScript

```javascript
new Vue({
  el: '#app',
  created: function() {
    // 이 인스턴스의 생성과 초기화가 종료되었을 때
    console.log('created')
  }
})
```

data와 methods는 자유롭게 정의할 수 있지만, 라이프 사이클 혹은 사용할 수 있는 메서드가 정해져 있으며, 다음과 같은 시점에 훅할 수 있습니다.

메서드	시점
beforeCreate	인스턴스가 생성되고, 리액티브 초기화가 일어나기 전
created	인스턴스가 생성되고, 리액티브 초기화가 일어난 후
beforeMount	인스턴스가 마운트되기 전
mounted	인스턴스가 마운트된 후
beforeUpdate	데이터가 변경되어 DOM에 적용되기 전
updated	데이터가 변경되어 DOM에 적용된 후
beforeDestroy	Vue 인스턴스가 제거되기 전
destroyed	Vue 인스턴스가 제거된 후
errorCaptured	임의의 자식 컴포넌트에서 오류가 발생했을 때

라이프 사이클과 관련된 내용은 이번 절의 마지막에 그림으로 정리했으므로, 이후에 자세하게 다시 살펴보겠습니다. 라이프 사이클 흐름을 완전하게 이해할 필요는 없지만, 언제 어떤 시점에 훅이 호출되는지 알고 싶을 때 참고하면 좋을 것입니다.

추가적으로 많이 사용되는 created와 mounted는 호출되는 시점이 비슷하지만, 다음과 같은 차이가 있습니다.

◆ created

created는 인스턴스가 생성되고, 리액티브 데이터가 초기화된 직후에 호출됩니다. 이 라이프 사이클 훅이 호출될 때는 아직 DOM이 구축되지 않은 상태입니다. 따라서 인스턴스 자신을 나타내는 this에는 접근할 수 있지만, $el과 getElementById() 등을 사용한 DOM 접근은 불가능합니다.

◆ mounted

mounted는 인스턴스의 상태를 사용해서 DOM을 만든 직후에 호출됩니다. 따라서 인스턴스 내부 템플릿의 $el과 getElementById()를 사용할 수 있습니다. 다만,

모든 자식 컴포넌트가 마운트되었다는 것은 보증하지 않습니다.

✍ methods — 메서드

methods는 애플리케이션에서 사용할 메서드입니다. 코드 관리가 쉽도록 처리를 나누거나, 이벤트 번들러 구현 등에 사용합니다.

JavaScript

```javascript
new Vue({
  el: '#app',
  methods: {
    myMethod: function() {
      // 처리
    }
  }
})
```

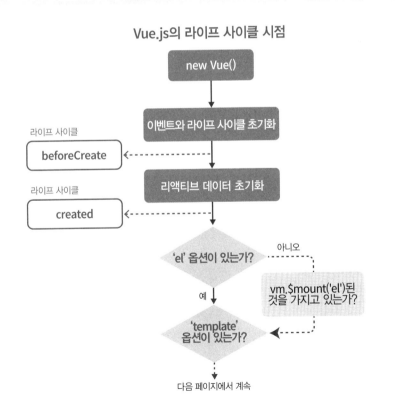

Vue.js의 라이프 사이클 시점

new Vue()

이벤트와 라이프 사이클 초기화

라이프 사이클
beforeCreate

리액티브 데이터 초기화

라이프 사이클
created

'el' 옵션이 있는가?   아니오

예   vm.$mount('el')된
것을 가지고 있는가?

'template'
옵션이 있는가?

다음 페이지에서 계속

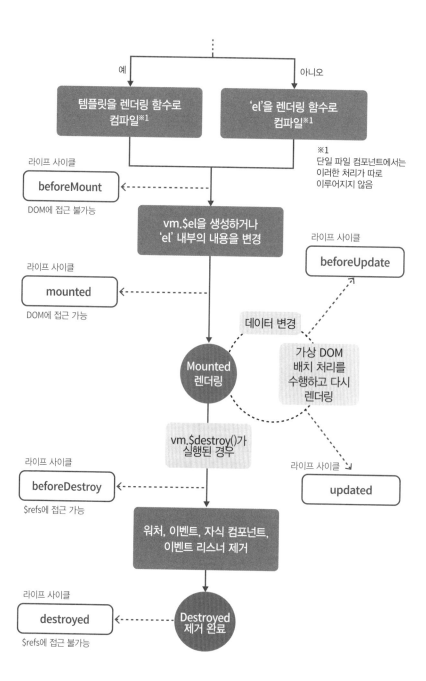

예   아니오

템플릿을 렌더링 함수로 컴파일※1

'el'을 렌더링 함수로 컴파일※1

※1
단일 파일 컴포넌트에서는
이러한 처리가 따로
이루어지지 않음

라이프 사이클
beforeMount

DOM에 접근 불가능

**vm.$el을 생성하거나
'el' 내부의 내용을 변경**

라이프 사이클
beforeUpdate

라이프 사이클
mounted

DOM에 접근 가능

데이터 변경

**가상 DOM
배치 처리를
수행하고 다시
렌더링**

**Mounted
렌더링**

**vm.$destroy()가
실행된 경우**

라이프 사이클
beforeDestroy

$refs에 접근 가능

라이프 사이클
updated

**워처, 이벤트, 자식 컴포넌트,
이벤트 리스너 제거**

라이프 사이클
destroyed

$refs에 접근 불가능

**Destroyed
제거 완료**

Vue 생성자 함수를 사용하면, 인스턴스 여러 개를 생성하고 각각 다른 요소에 마운트해서 페이지 내부에 여러 개의 애플리케이션을 만들 수도 있습니다. 그렇다면 예를 들어 주문 입력 양식 또는 정렬 가능한 리스트 등을 따로 만드는 것이 좋을까요?

랜딩 페이지처럼 굉장히 작은 규모로 끝나거나 반복 사용(재사용)을 전혀 하지 않는다면, 그렇게 만드는 경우도 있습니다.

하지만 Vue.js는 '컴포넌트'를 키 컨셉으로 하고 있으며, 이를 위해서 다양한 기능을 제공합니다. 기본적으로는 조작하고 싶은 모든 부분을 포함하고 있는 요소 한 개에만 new Vue( )를 적용하고, 이외의 것들을 컴포넌트로 UI 부품으로서 하나하나 추가하며 프로그램을 만들어 나갑니다. 컴포넌트에 관해서는 이후에 자세히 설명하겠습니다.

☑ **정 리**
- Vue.js의 경우 DOM 구조 본체는 자바스크립트 데이터로 되어 있습니다.
- 디렉티브 값은 자바스크립트 식으로 되어 있습니다.
- HTML 코딩을 위해 컴포넌트를 사용하면 좋습니다.
- 필요한 데이터와 메서드는 옵션으로 정의합니다.
- new Vue( )는 한 개만 만들고, 컴포넌트로 UI를 구축합니다.

CHAPTER **2**

데이터 등록과
변경

기본적인 데이터 바인딩

DOM 변경을 자동화하는 데이터 바인딩을 하려면, 템플릿에서 사용하는 모든 데이터를 리액티브 데이터로 정의해야 합니다.

🖋 리액티브 데이터란?

Vue.js 코드를 보았을 때 메서드를 호출하지도 않았는데, 무언가 처리되고 있다는 것을 느꼈을 것입니다.

리액티브 데이터는 Vue.js에서 추출했을 때(get)과 설정했을 때(set), 훅(hook) 처리가 등록되어 반응하는 데이터를 의미합니다. 단순하게 데이터를 설정했을 때도 Vue.js 내부에서 굉장히 여러 처리가 일어납니다. 이것이 바로 Vue.js의 심장이라고 할 수 있는 리액티브 시스템입니다.

데이터 바인딩은 리액티브 시스템의 기능 중 하나입니다. 리액티브 시스템은 단순한 DOM 변경뿐만 아니라 DOM 변경을 최적화하고, 데이터를 동기화하고, 변경을 감지하는 기능 등을 모두 포함한 것입니다.

이처럼 Vue.js가 가지고 있는 대부분의 기능은 강력한 리액티브 시스템을 기반으로 움직입니다.

◆ 재미있는 데이터 바인딩

리액티브 시스템 중에 가장 쉽고 재미있게 느낄 수 있는 부분이 바로 이 데이터 바인딩입니다.

이번 장에서는 Vue.js의 기본이 되는 디렉티브를 사용한 데이터 바인딩을 살펴보겠습니다. '데이터의 자료형'이나 '바인딩하는 위치'에 따라서 코드 작성 방법과 사양이 조금씩 다릅니다.

일단 여러 가지 자료형을 DOM에 바인딩하는 방법을 살펴봅시다.

📝 리액티브 데이터 정의하기

컴포넌트의 **data** 옵션에 문자열 또는 객체 등의 데이터를 정의하면, 인스턴스 생성 때 모두 리액티브 데이터로 변환됩니다.

`JavaScript`

```javascript
var app = new Vue({
  el: '#app',
  data: {
    message: 'Vue.js!'   // 이렇게 정의한 message는 변화를 감지할 수 있게 됨
  }
})
```

다음과 같이 옵션 외부에서 데이터를 정의하더라도, Vue.js 데이터로 등록하면 모두 리액티브 데이터로 변환됩니다.

`JavaScript`

```javascript
var state = { count: 0 }
var app = new Vue({
  el: '#app',
  data: {
    state: state
  }
})
state.count++ // state.count는 리액티브 데이터
```

data 옵션 바로 아래의 속성은 이후에 따로 추가할 수 없으므로, 값이 결정되지 않은 경우라도 초깃값 또는 빈 데이터를 넣어서 정의해야 합니다.

JavaScript

```javascript
data:{
  newTodoText: '',
  visitCount: 0,
  hideCompletedTodos: false,
  todos: [],
  error: null
}
```

이때 이후에 넣을 값과 같은 자료형으로 정의해 두어야 합니다.

텍스트와 속성 데이터 바인딩

텍스트 콘텐츠 또는 요소의 속성을 바인딩하는 작업은 애플리케이션을 만들 때 굉장히 많이 사용됩니다. 컴포넌트를 만들 때 반드시 필요한 내용이므로 기본을 확실하게 다지고 갑시다!

📝 텍스트와 데이터 바인딩

이전에 data 속성에 정의한 message 속성 값을 렌더링할 때는 속성 이름을 이중 중괄호로 감싸서 템플릿에 입력합니다.

HTML

```html
<div id="app">
  <p>Hello {{ message }}</p>
</div>
```

▼ 실제 렌더링

HTML

```html
<div id="app">
  <p>Hello Vue.js!</p>
</div>
```

별도의 태그를 사용할 필요 없이 중괄호를 사용하기만 하면, 해당 위치에 텍스트 데이터가 출력됩니다. 이는 Mustache라고 부르는 기법으로, 텍스트 콘텐츠의 해당 위치에 message 속성을 바인딩한다는 의미입니다.

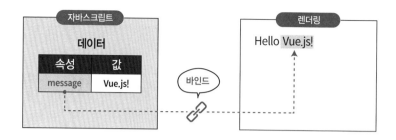

Mustache 태그로 인해서 변경되는 Vue.js! 부분은 기본적으로 message 속성과 항상 동기화됩니다. 따라서 한 번 화면에 렌더링된 데이터를 변경하면, DOM이 자동으로 변경되므로 별도의 처리를 해 주지 않아도 됩니다.

◆ 객체와 배열 내부의 요소 출력하기

데이터 바인딩을 할 때는 루트에 정의한 속성뿐만 아니라, '객체 내부의 속성'과 '배열의 요소'도 지정할 수 있습니다.

▼ 객체와 배열 내부의 요소 출력하기

JavaScript

```javascript
new Vue({
  el: '#app',
  data: {
    // 객체 데이터
    message: {
      value: 'Hello Vue.js!'
    },
    // 배열 데이터
    list: ['사과', '바나나', '딸기'],
    // 다른 데이터를 사용해서 list에서 값을 추출하기 위한 요소
    num: 1
  }
})
```

HTML

```html
<p>{{ message.value }}</p>
<p>{{ message.value.length }}</p>
<p>{{ list[2] }}</p>
<p>{{ list[num] }}</p><!-- 속성을 조합해서 사용하기 -->
```

실제로는 다음과 같이 렌더링됩니다.

▼ 실제 렌더링

HTML

```html
<p>Hello Vue.js!</p>
<p>13</p>
<p>딸기</p>
<p>바나나</p>
```

◆ 표현식과 문장의 차이에 주의하기

디렉티브와 마찬가지로 Mustache에도 자바스크립트 표현식 작성이 가능하므로 다음과 같은 코드를 작성할 수 있습니다.

▼ 2가 출력됩니다

HTML

```html
{{ 1 + 1 }}
```

하지만 다음 코드처럼 식이 아니라 문장을 입력해서는 안 됩니다.

▼ 오류 발생

HTML

```html
{{ var foo = message }}
```

문장 내부에서 오른쪽에 있는 대입하는 값 부분이 바로 표현식입니다.[1]

긴 식이나 빌트인 기능(외부에서 변수를 선언한 뒤, 해당 변수를 식으로 넣어 사용하는 것)도 사용할 수 있지만, 템플릿이 가지고 있는 확장 기능과 중복되는 경우에는 가급적 목적에 적합한 방법으로 구현하기 바랍니다.

예를 들어, 다음과 같이 긴 표현식은 산출 속성을 사용하는 것이 좋습니다.

▼ 조건을 기반으로 출력할 텍스트 변경하기

HTML

```html
{{ message.length >= 10 ? '10글자 이상' :'10글자 미만' }}
```

---

1 **옮긴이** 값을 만들어 내는 코드를 표현식이라고 부릅니다.

다음과 같이 문자열 또는 숫자를 변환할 때는 필터를 사용하는 것이 좋습니다.

▼ 소수점 반올림

```
{{ Math.round(3.14) }}
```

이와 관련된 내용은 4장 '데이터 감시하고 가공하기'에서 자세하게 설명하겠습니다.

✍ 속성 데이터 바인딩하기

Mustache는 텍스트 콘텐츠를 위한 기법이므로, 속성으로 사용할 때는 적용할 수 없습니다.

▼ 속성은 전개할 수 없어요!

```
<input type="text" value="{{ message }}">
<!-- Error compiling template -->
```

속성에 바인딩하려면 v-bind 디렉티브를 사용합니다.

▼ 생략하지 않고 적는 방법

```
<input type="text" v-bind:value="message">
```

v-bind:는 생략해서 :라고 적을 수도 있습니다. 일단 공부할 때는 의미를 명확히 할 수 있게 v-bind:를 사용하고, 익숙해진 뒤에 생략하는 형태를 사용하는 것이 좋을 것입니다.

▼ 생략해서 적는 방법

```
<input type="text" :value="message">
```

어쨌거나 생략 여부와 상관없이 똑같이 렌더링됩니다. 따라서 message 속성을 value 속성에 바인딩해서 다음과 같이 렌더링합니다.

```html
<input type="text" value="Vue.js!">
```

참고로 v-로 시작하는 디렉티브는 자바스크립트 식이라는 점에 주의해 주세요.

◆ v-bind 장식자

v-bind 디렉티브에는 다음과 같은 장식자를 사용할 수 있습니다.

장식자	의미
.prop	속성 대신에 DOM 속성으로 바인딩합니다.
.camel	케밥 케이스[2] 속성 이름을 카멜 케이스로 변환합니다.
.sync	양방 바인딩합니다(이와 관련된 내용은 5장에서 자세하게 설명합니다).

.prop 장식자는 DOM 속성과 직접 바인딩합니다.

```html
<!-- DOM의 textContent 속성에 바인딩하기 -->
<div v-bind:text-content.prop="message">...</div>
<!-- DOM의 scrollTop 속성에 바인딩하기 -->
<div v-bind:scroll-top.prop="scroll">...</div>
```

```javascript
new Vue({
  el: '#app',
  data: {
    message: 'Hello Vue.js!',
    scroll: 0
  },
  mounted: function() {
    this.scroll = 100 // 요소의 스크롤 양 조작하기
  }
})
```

---

2 **옮긴이** 하이픈으로 구분하는 식별자 작성 방식을 lisp-case, spinal-case, kebab-case 등의 여러가지 용어로 부릅니다. 이 책에서는 케밥 케이스(kebab-case)라는 용어를 사용합니다.

🖋 데이터 변경

data 옵션 바로 아래의 데이터는 예를 들면 message와 count 같은 이름을 가진
속성이 되므로, 모두 리액티브 데이터입니다. 왜 속성이 되는 것과 리액티브 데이터
가 되는 것이 관련이 있는지는 이후의 "리스트 데이터 출력/변경하기"(54쪽)에서 설명
하겠습니다.

🖋 클릭으로 카운터의 수 늘리기

일단 v-on 디렉티브(3장의 80쪽에서 설명)를 사용해서 버튼이 클릭될 때 increment라
는 이름의 메서드가 호출되게 합시다.

HTML

```html
<div id="app">
  <!-- count 속성 출력하기 -->
  <p>{{ count }}번 클릭했습니다.</p>
  <!-- 이 버튼을 클릭하면 increment 메서드가 호출됩니다. -->
  <button v-on:click="increment">카운트 하기</button>
</div>
```

increment 메서드를 method 옵션으로 정의해서, data 옵션에 등록되어 있는
count 속성을 '1'만큼 늘리는 처리를 작성합니다.

```javascript
new Vue({
  el: '#app',
  data: {
    count: 0
  },
  methods: {
    // 버튼을 클릭할 때의 핸들러
    increment: function() {
      this.count += 1 // 다시 할당하는 처리만 합니다.
    }
  }
})
```

코드를 실제로 실행해 보면, 버튼을 클릭할 때마다 화면의 숫자가 늘어나는 것을 볼 수 있을 것입니다.

◆ 메서드 내부에서 데이터 또는 다른 메서드에 접근하기

이전의 샘플 코드에서 increment 메서드의 내용을 살펴봅시다.

```javascript
this.count += 1
```

템플릿 내부에서는 count라는 속성 이름만 입력하면 사용할 수 있었지만, 메서드 내부에서는 this를 붙여야 합니다. 이 this는 인스턴스를 나타내며 여기에서는 new Vue()로 생성된 인스턴스, 따라서 new Vue() 인스턴스의 리턴 값을 나타냅니다. 만약 이때 인스턴스가 컴포넌트라면, this는 컴포넌트 인스턴스 자체를 나타냅니다.

콜백으로 익명 함수를 사용하거나, 다른 라이브러리와 함께 사용할 경우 this의 내용이 변경될 수 있습니다.

▼ 잘못된 예   **JavaScript**

```
methods: {
  increment: function() {
    // 콜백 함수의 this는 window입니다.
    setTimeout(function() { this.count++ }, 100)
  }
}
```

이러한 경우 콜백 내부의 this는 Window 객체를 나타냅니다. Vue 인스턴스의 this를 사용할 때는 함수 작성 방법에 주의해 주세요. 참고로 ES2015의 화살표 함수는 함수가 정의되어 있는 스코프를 this로 참조하게 됩니다.

▼ 올바른 예   **JavaScript**

```
methods: {
  increment: function() {
    // 미리 다른 변수에 대입하면 setTimeout 내부에서 사용할 수 있음
    var vm = this
    setTimeout(function() { vm.count++ }, 100)
    // bind로 this를 변경하는 방법
    setTimeout(function() { this.count++ }.bind(this), 100)
    // 화살표 함수를 사용하면 setTimeout이 호출되는 increment 메서드의 this
가 되므로
    // Vue 인스턴스에 접근할 수 있음
    setTimeout(() => { this.count++ }, 100)
    // 익명 함수가 아니라 메서드를 지정하는 방법
    setTimeout(this.callback, 100)
  }
}
```

반대로 this를 사용해서 Vue 인스턴스에 접근할 필요가 있는 메서드를 정의할 때는 화살표 함수를 사용할 수 없습니다.

▼ 잘못된 예   **JavaScript**

```javascript
new Vue({
  methods: {
    increment: () => {
      // 여기서는 Vue 인스턴스를 this로 사용할 수 없음
    }
  }
})
// increment 메서드 내부에서는 외부의 스코프가 this가 됨
```

짧게 작성하고 싶은 경우에는 단축 기법을 사용합시다.

▼ 올바른 예   **JavaScript**

```javascript
methods: {
  increment() {
    // 이렇게 하면 Vue 인스턴스를 this로 사용할 수 있음
  }
}
```

🖋 클래스와 스타일 데이터 바인딩

클래스와 스타일 속성에 데이터를 바인딩할 때도 객체 또는 배열을 지정하면 됩니다. 지정하기만 하면 알아서 전개되어 들어갑니다.

스타일 속성은 기본적인 자바스크립트로 스타일을 조작할 때처럼 하이픈을 카멜 케이스로 작성할 수 있습니다. 클래스 이름에 하이픈을 넣고 싶은 경우에는 ''로 감싸서 작성해야 합니다.

HTML

```html
<p v-bind:class="{ child:isChild, 'is-active':isActive }">Text</p>
<p v-bind:style="{ color:textColor, backgroundColor:bgColor }">Text</p>
```

```
new Vue({
  el: '#app',
  data: {
    isChild: true,
    isActive: true,
    textColor: 'red',
    bgColor: 'lightgray'
  }
})
```

▼ 실제 렌더링 결과

```
<p class="child is-active">Text</p>
<p style="color: red; background-color: lightgray">Text</p>
```

이런 코드를 사용하면 클래스와 스타일을 간단하게 변경할 수 있습니다.

◆ 플레인 속성과 함께 사용하는 경우

데이터 바인딩을 하지 않은 플레인 속성과 함께 사용하는 경우, 렌더링 결과를 보면
알 수 있듯 바인딩한 것이 덮어쓰게 됩니다.

```
<p class="child" v-bind:class="{ 'is-active': isActive }">Text</p>
<p style="color:blue" v-bind:style="{ color: textColor }">Text</p>
```

▼ 실제 렌더링 결과

```
<p class="child is-active">Text</p>
<p style="color:red;">Text</p>
```

◆ 클래스 조건에 삼항 연산자 사용하기

삼항 연산자를 사용하고 싶은 경우, 배열 리터럴을 사용합니다.

```html
<p v-bind:class="[isActive ? 'active' : 'normal', otherClass]">Text</p>
```

하지만 여러 가지 조건이 있을 때도 이렇게 사용하는 것은 조금 귀찮은 일입니다. 따라서 산출 속성(106쪽 참고)을 사용하는 것이 훨씬 좋습니다.

◆ 객체 데이터 전달하기

템플릿에 여러 개의 클래스 또는 스타일을 모두 적으면 코드의 가독성이 굉장히 떨어집니다. 따라서 data 객체에 객체를 정의한 뒤 전달하는 것이 좋습니다.

```html
<p v-bind:class="classObject">Text</p>
<p v-bind:style="styleObject">Text</p>
```

```javascript
new Vue({
  el: '#app',
  data: {
    classObject: {
      child:true,
      'is-active': false
    },
    styleObject: {
      color: 'red',
      backgroundColor: 'lightgray'
    }
  }
})
```

이렇게 작성하면 코드가 굉장히 깔끔해집니다.

🖌 여러 개의 속성 데이터 바인딩하기

```javascript
new Vue({
    el: '#app',
    data: {
        item: {
            id: 1,
            src: 'item1.jpg',
            alt: '상품1의 썸네일',
            width: 200,
            height: 200
        }
    }
})
```

```html
<img v-bind:src="item.src"
    v-bind:alt="item.alt"
    v-bind:width="item.width"
    v-bind:height="item.height">
```

```html
<img v-bind="item">
```

🖋 SVG 데이터 바인딩하기

SVG는 그 자체를 컴포넌트로 만들어서 사용할 수도 있습니다.

이 책의 지원 페이지(https://rintiantta.github.io/jpub-vue/)를 보면 SVG를 사용해서 UI를 구현한 예가 있습니다. 참고하기 바랍니다.

POINT 이해하기 힘든 오류가 발생했다!

오류가 발생하면 콘솔 로그에 원인이 출력되므로, 반드시 확인해 봅시다. 오류 발생 원인의 대부분은 존재하지 않는 데이터 또는 메서드를 사용하는 경우일 것입니다.

```
[Vue warn]: Property or method "text" is not defined
```

공부할 때 템플릿 내부에 불필요한 템플릿이 남아 있지 않은지, 데이터 또는 메서드의 이름을 잘못 적지는 않았는지 확인해 주세요.

처음에는 methods 옵션 내부에 라이프 사이클 훅 또는 산출 속성을 정의해버리는 실수도 많이 저지를 수 있으므로, 오류가 발생했을 때 함께 확인해 보기 바랍니다.

템플릿에서 조건 분기하기

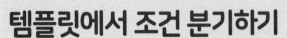

Vue.js는 템플릿에서 조건 분기를 할 수도 있으며, v-if와 v-show 디렉티브는 적용한 요소의 출력 여부를 바꿉니다.

다음 예는 모두 ok 속성의 값이 true일 때만 <div> 요소를 출력합니다.

HTML

```
<div v-if="ok">v-if 조건으로 출력하기</div>
<div v-show="ok">v-show 조건으로 출력하기</div>
```

JavaScript

```
new Vue({
  el: '#app',
  data: {
    ok: false
  }
})
```

조건을 만족하지 않는 경우에는 다음과 같이 렌더링됩니다.

▼ 실제 렌더링 결과   **HTML**

```
<!---->
<div style="display: none;">v-show 조건으로 출력하기</div>
```

v-if는 주석으로 출력되며, v-show는 스타일로 보이지 않게만 만든다는 것을 알 수 있을 것입니다.

📝 v-if와 v-show의 차이와 사용 방법 구분

◆

◆

📝 \<template\> 태그를 사용한 v-if 그룹

```
<template v-if="ok">
  <header>타이틀</header>
  <div>콘텐츠</div>
</template>
```

✍ v-else-if와 v-else로 그룹 만들기

```html
<div v-if="type === 'A'">
  type는 A
</div>
<div v-else-if="type === 'B'">
  type는 B
</div>
<div v-else>
  모든 그룹에 만족하지 않는 경우
</div>
```

◆

```html
<!-- 두 개의 div가 다른 요소라는 것을 명시적으로 지정하기 -->
<div v-if="loaded" key="content-visible">
  content
</div>
<div v-else key="content-loading">
  loading now...
</div>
```

10 리스트 데이터 출력/변경하기

애플리케이션을 만들 때는 텍스트 데이터만 사용하는 것이 아닙니다. 기사 목록, 상품 목록, 선택 목록과 같은 다양한 목록도 사용됩니다.

이번 절에서는 다음과 같은 몬스터 정보가 들어있는 배열을 사용해서 설명하겠습니다.

▼ 리스트1   `JavaScript`

```javascript
[
    { id:1, name: '슬라임', hp: 100 },
    { id:2, name: '고블린', hp: 200 },
    { id:3, name: '드래곤', hp: 500 }
]
```

리스트 데이터는 일반적으로 이와 같이 객체를 요소로 사용합니다. 속성에 id라는 유니크 키가 있는데요. 이렇게 유니크 키가 있어야 가상 DOM으로 렌더링할 때 최적화가 이루어집니다.

요소를 반복해서 렌더링하기

리스트 데이터를 사용해서 요소를 반복해서 렌더링할 때는 반복해서 렌더링하고 싶은 태그(여기에서는 <li> 태그)에 v-for 디렉티브를 적용합니다.

`HTML`

```html
<li v-for="<각 요소를 할당할 변수 이름> in <반복 대상 배열 또는 객체>">
```

```html
<div id="app">                    이후의 '키의 역할'에서 설명
  <ul>
    <li v-for="item in list" v-bind:key="item.id">
      ID.{{ item.id }} {{ item.name }} HP.{{ item.hp }}
    </li>
  </ul>
</div>
```

```javascript
new Vue({
  el: '#app',
  data: {
    list: [
      { id: 1, name: '슬라임', hp: 100 },
      { id: 2, name: '고블린', hp: 200 },
      { id: 3, name: '드래곤', hp: 500 }
    ]
  }
})
```

data 옵션에 등록되어 있는 list 배열에서 v-for 디렉티브를 사용해 요소를 한 개씩 추출하여 세 개의 <li> 태그를 렌더링합니다. 반복 변수로 item이라는 이름을 사용했으므로, <li> 태그 내부에는 item의 속성으로 몬스터의 이름과 HP를 출력하게 했습니다.

▼ 실제 렌더링 결과

```html
<div id="app">
  <ul>
    <li>ID.1 슬라임 HP.100</li>
    <li>ID.2 고블린 HP.200</li>
    <li>ID.3 드래곤 HP.500</li>
  </ul>
</div>
```

```
<li v-for="(item, index) in list">...</li>
```

```
<li v-for="(item, key, index) in list">...</li>
```

POINT 객체 반복 처리 순서

🖌 키의 역할

```
v-bind:key="item.id"
```

차이가 발생합니다.

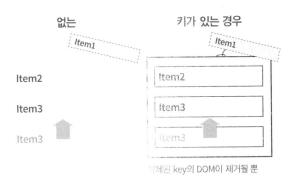

없는   **키가 있는 경우**

삭제된 key의 DOM이 제거될 뿐

같은 '1'이 지정되어 버리
인 id 속성을 키로 데이

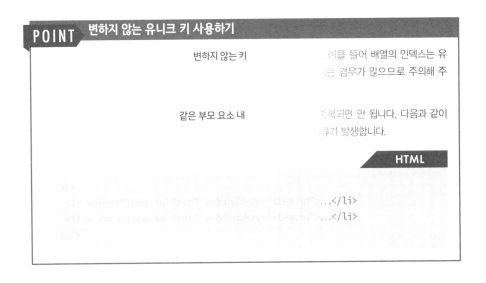

POINT 변하지 않는 유니크 키 사용하기

변하지 않는 키   예를 들어 배열의 인덱스는 유
         는 경우가 많으므로 주의해 주

같은 부모 요소 내   복되면 안 됩니다. 다음과 같이
         구가 발생합니다.

HTML

```
<li v-for="item in list" v-bind:key="item.id">...</li>
<li v-for="item in list" v-bind:key="item.id">...</li>
```

✅ 반복 렌더링하면서 다양한 조건 적용하기

리스트 렌더링과 다른 디렉티브를 함께 조합하면 리스트의 각 요소마다 조건을 적용할 수 있습니다.

◆ 조건을 사용해서 클래스 조작하기

리스트1의 배열을 사용해서, hp 속성이 '300'보다 큰 몬스터만 .strong 클래스를 적용하고, '강하다!'라는 문자를 출력하도록 만들어 봅시다.

HTML

```html
<ul>
  <li v-for="item in list"
     v-bind:key="item.id"
     v-bind:class="{ strong:item.hp > 300 }">
   ID.{{ item.id }} {{ item.name }} HP.{{ item.hp }}
   <span v-if="item.hp > 300"> 강하다!</span>
  </li>
</ul>
```

이는 다음과 같이 렌더링됩니다.

▼ 실제 렌더링 결과

HTML

```html
<ul>
  <li>ID.1 슬라임 HP.100</li>
  <li>ID.2 고블린 HP.200</li>
  <li class="strong">ID.3 드래곤 HP.500<span> 강하다!</span></li>
</ul>
```

◆ 출력 조건

반복하고 있는 요소에 직접 v-if를 적용하면, 요소 자체에 여러 조작을 할 수 있습니다. 리스트1의 배열을 사용해서, hp 속성이 '300'보다 작은 몬스터만 렌더링하도록 만들어 봅시다.

```
<ul>
  <li v-for="item in list" v-bind:key="item.id" v-if="item.hp < 300">
    ID.{{ item.id }} {{ item.name }} HP.{{ item.hp }}
  </li>
</ul>'
```

실제로 다음과 같이 렌더링됩니다.

▼ 실제 렌더링 결과

```
<ul>
  <li>ID.1 슬라임 HP.100</li>
  <li>ID.2 고블린 HP.200</li>
</ul>
```

'0개를 찾았습니다'처럼 조건과 일치하는 요소의 개수를 출력하고 싶겠지만, 이 방법에서는 결과 수를 추출할 수 없습니다. 만약 이런 것을 구현하려면 **산출 속성**을 사용해야 하며, 이는 4장에서 자세하게 알아보겠습니다.

리스트 변경하기

리스트 요소 변경도 일반적인 자바스크립트에서 배열 또는 객체를 변경할 때와 크게 다르지 않습니다. 다만 다음 두 가지 경우의 경우에는 변경을 감지할 수 없으므로 주의합시다.

❶ 인덱스 숫자를 사용한 배열 요소 변경
❷ 이후에 추가된 속성 변경

이 두 가지에 관해서는 이후에 자세히 설명하겠습니다.

```
this.list = []              // 속성 변경
this.list[0].name = 'NEW'   // 속성 변경
this.list[0] = 'NEW'        // 이는 배열의 요소 변경이므로 안 됨
```

◆ 리스트에 요소 추가하기

리스트에 새로운 요소를 추가

```javascript
this.list.push(<새로운 값>)
```

리스트 데이터인 list 속성

만들고 이벤트를 핸들링합니다

명합니다)를 사용해서 입력 양식

```html
<!-- 입력 양식의 입력 값을 새로운 몬스터의 이름으로 사용하기 -->
이름 <input v-model="name"
<button v-on:click="doAdd">몬스터 추가하기</button>
<ul>
  <li v-for="item in list" v-bind:key="item.id">
    ID.{{ item.id }} {{ item.name }} HP.{{ item.hp }}
  </li>
</ul>
```

methods 옵션에 doAdd 메

```javascript
new Vue({
  el: '#app',
  data: {
    name: '키메라',
    list: [
      { id: 1, name: '슬라임', hp: 100 },
      { id: 2, name: '고블린', hp: 200 },
      { id: 3, name: '드래곤', hp: 500 }
    ]
  },
  methods: {
    // 추가 버튼을 클릭했을 때의 핸들러
    doAdd: function() {
      // 리스트 내부에서 가장 큰 ID 추출하기
```

▼

```
// 새로운 몬스터를 리스트에 추가하기

                    // 현재 최대 ID에 1을 더해서 유니크 ID로 사용하기
                    // 현재 입력 양식의 값
```

```
<!-- 삭제 버튼을 v-for 내부에 만들기 -->
```

삭제 버튼을 클릭했을 때 어떤 요소를 삭제할지 구별할 수 있게 하려면, v-for를 추가한 **요소 안쪽**에 버튼을 만들어서 제거 전용 메서드에 인덱스를 전달해야 합니다.

```html
<button v-on:click="doRemove(index)">몬스터 제거하기</button>
```

doRemove 메서드를 정의해서 요소를 제거해 봅시다. splice 메서드를 사용해서 제거하고 싶은 요소의 인덱스와 개수를 지정합니다.

```javascript
new Vue({
  // ...
  methods: {
    // 제거 버튼을 클릭했을 때의 핸들러
    doRemove: function(index) {
      // 전달받은 인덱스 위치에서 한 개만큼 제거하기
      this.list.splice(index, 1)
    }
  }
})
```

이 코드를 실제로 실행해 보면, 버튼을 클릭한 요소만 삭제됩니다. 리스트 요소에 대해서는 다음과 같은 다양한 조작을 적용할 수 있답니다.

- push
- pop
- shift
- unshift
- splice
- sort
- reverse

이러한 배열 메서드는 대상이 되는 배열을 **직접 변경**합니다.

◆ 리스트 요소 변경하기

예를 들어서 몬스터의 이름 또는 HP를 모두 변경하고 싶을 수 있습니다. 이를 코드로 구현하려면 어떻게 해야 할까요? 일반적으로는 다음과 같은 코드를 떠올릴 것입니다.

JavaScript

```javascript
this.list[0] = { id: 1, name: '대왕 슬라임', hp: 500 }
```

잘 보면 이는 속성이 아니라 이름을 가지지 않은 배열의 요소입니다.

JavaScript

```javascript
this.list[0]
```

하지만 현재 시점에서 Vue.js는 이처럼 인덱스 숫자를 사용한 배열 요소 변경을 감지하지 못합니다.

이를 구현하려면 전역 API인 Vue.set 메서드를 사용해야 합니다. 이 메서드는 this.$set라는 별칭을 가지고 있으므로 이를 활용해도 됩니다.

JavaScript

```javascript
this.$set(<변경할 데이터>, <인덱스 또는 키>, <새로운 값>)
```

this.$set을 사용해서 변경하면 다음과 같습니다.

JavaScript

```javascript
this.$set(this.list, 0, { id: 1, name: '대왕 슬라임', hp: 500 })
```

◆ 속성 추가하기

this.$set 메서드는 존재하지 않는 속성을 리액티브 데이터로 추가할 때도 사용합니다. 예로 다음 코드를 살펴보기 바랍니다.

```javascript
new Vue({
  el: '#app',
  data: {
    list: [
      { id: 1, name: '슬라임', hp: 100 },
      { id: 2, name: '고블린', hp: 200 },
      { id: 3, name: '드래곤', hp: 500 }
    ]
  },
  created:function() {
    // 모든 요소에 active 속성 추가하기
    this.list.forEach(function(item) {
      this.$set(item, 'active', false)
      // "item.active = false"로 지정하면 리액티브 데이터가 아니게 됨
    }, this)
  }
})
```

COLUMN **Vue.set에 관하여**

그냥 대입하면 좋을 거라 생각하는 분이 많을 것입니다. 현재 개발되고 있는 Vue.js 다음 버전에서는 배열을 조금 더 쉽게 다룰 수 있게 리액티브 시스템 개선이 이루어지고 있습니다. 가까운 미래에는 Vue.set을 사용할 필요가 없을 것입니다.

참고로 '다음 버전에서 현재 버전의 코드를 사용할 수 없게 되는 파괴적인 변경은 이루어지지 않을 것'이라는 언급이 있었으므로, Vue.set을 사용하는 방법도 유지될 것입니다.

◆ 리스트 요소 속성 변경하기

이전 코드를 사용해서 공격 버튼을 클릭할 때마다 몬스터의 HP를 '10'씩 줄이도록 합시다. 제거 버튼과 마찬가지로 배열의 인덱스를 매개변수로 전달합니다.

```html
<ul>
  <li v-for="(item, index) in list" v-bind:key="item.id" v-if="item.hp">
    ID.{{ item.id }} {{ item.name }} HP.{{ item.hp }}
    <span v-if="item.hp < 50">큰 피해...!</span>
    <!-- 버튼은 v-for 내부에 만들기 -->
    <button v-on:click="doAttack(index)">공격하기</button>
  </li>
</ul>
```

```javascript
new Vue({
  el: '#app',
  data: {
    list: [
      { id: 1, name: '슬라임', hp: 100 },
      { id: 2, name: '고블린', hp: 200 },
      { id: 3, name: '드래곤', hp: 500 }
    ]
  },
  methods: {
    // 버튼을 클릭했을 때의 핸들러
    doAttack: function(index) {
      this.list[index].hp -= 10 // HP 감소시키기
    }
  }
})
```

v-if 디렉티브를 사용해서 HP가 50보다 적으면 "큰 피해...!"라는 문자를 출력하고,
HP가 없어지면 리스트에서 제거해 봅시다.

◆ 리스트 자체 변경하기

배열 메서드의 filter 등, 배열을 직접 변경하지 않는 메서드는 리스트에 리턴 값
을 다시 할당해서 내용을 변경합니다.

```javascript
// list는 속성이므로 변경은 리액티브하게 이루어집니다.
this.list = this.list.filter(function(el) {
  return el.hp >= 100
})
```

🖌 유니크 키가 없는 배열

다음과 같이 키가 없는 배열은 어떤 조작을 가하기에 적합하지 않습니다. 하지만 사용하지 말라는 것은 아닙니다. 단순하게 출력하기 위한 용도라면 문제없습니다.

```html
<select>
  <option v-for="item in list">{{ item }}</option>
</select>
```

```javascript
data: {
  list: ['슬라임', '고블린', '드래곤']
}
```

🖌 리터럴에 직접 v-for 적용하기

범위와 배열 등의 리터럴에 직접 v-for를 적용할 수도 있습니다. 다음 예는 <span> 태그로 감싼 '1~15'를 출력합니다.

```html
<span v-for="item in 15">{{ item }}</span>
```

다음 예는 <span>으로 감싼 '1, 5, 10, 15'를 출력합니다.

```html
<span v-for="item in [1, 5, 10, 15]">{{ item }}</span>
```

🖋 문자열에 v-for 적용하기

문자열에 v-for를 사용하면, 문자가 하나씩 렌더링됩니다.

HTML

```html
<span v-for="item in text">{{ item }}</span>
```

JavaScript

```javascript
new Vue({
  el: '#app',
  data: {
    text: 'Vue'
  }
})
```

▼ 실제 렌더링 결과

HTML

```html
<span>V</span>
<span>u</span>
<span>e</span>
```

이를 활용하면 다양한 텍스트 애니메이션을 만들 수 있습니다. 이와 관련된 내용은 이 책의 지원 페이지를 함께 참고해 보기 바랍니다.

🖋 외부에서 데이터 가져와서 출력하기

데이터가 외부에 있는 경우, 일단 JSON 파일 또는 웹 API를 사용해서 가져와야 합니다. JSON 파일 리스트를 Vue.js로 사용하는 방법을 살펴봅시다. 지금부터 살펴보는 코드는 Ajax 라이브러리 'axios'를 사용합니다. 자세한 내용은 '이 책을 읽는 방법'의 '개발 환경과 라이브러리의 버전'(xxviii쪽)을 참고해 주세요.

▼ list.json

JavaScript

```javascript
[
  { "id": 1, "name": "슬라임", "hp": 100 },
  { "id": 2, "name": "고블린", "hp": 200 },
  { "id": 3, "name": "드래곤", "hp": 500 }
]
```

```html
<div id="app">
  <ul>
    <li v-for="(item, index) in list" v-bind:key="item.id">
      ID.{{ item.id }} {{ item.name }} HP.{{ item.hp }}
    </li>
  </ul>
</div>
```

특정 시점에서 자동으로 처리가 일어나게 하려면 **라이프 사이클 훅**을 사용합니다. 인스턴스가 생성될 때 곧바로 데이터를 가져올 것이라면 created를 사용하는 것이 적당합니다.

```javascript
new Vue({
  el: '#app',
  data: {
    // 미리 빈 리스트 준비하기
    list: []
  },
  created: function() {
    axios.get('list.json').then(function(response) {
      // 데이터를 읽어 들였다면 list에 할당하기
      this.list = response.data
    }.bind(this)).catch(function(e) {
      console.error(e)
    })
  }
})
```

list 속성은 리액티브 데이터이므로 응답을 받아 데이터를 대입하는 시점에 화면에 있는 리스트도 변경됩니다. 하지만 응답이 늦을 경우, 아무것도 출력되지 않게 되므로 로딩 애니메이션 등을 넣는 것이 좋습니다.

통신으로 외부 데이터를 사용하면 조금 더 본격적인 프로그램을 만들 수 있습니다.

DOM을 직접 참조하는 $el과 $refs

데이터 바인딩 덕분에 DOM에 직접 접근하지 않아도 내용을 변경할 수 있습니다. 하지만 상황에 따라서는 직접 DOM에 접근해야 하는 일이 필요할 수도 있습니다. 예를 들어, 요소의 위치와 높이는 DOM에 직접 접근해야 확인할 수 있습니다.

DOM에 접근할 때는 인스턴스 속성 $el과 $refs를 사용합니다. 이 두 가지 속성은 DOM을 참조해야 사용할 수 있는 것이므로, 라이프 사이클 중 mounted 이후부터 사용할 수 있습니다.

📝 $el의 사용 방법

컴포넌트 템플릿을 감싸고 있는 루트 요소는 $el(element의 약어)을 사용해서 DOM을 직접 참조할 수 있습니다.

> **JavaScript**

```javascript
new Vue({
  el: '#app',
  mounted: function() {
    console.log(this.$el) // -> <div id="app"></div>
  }
})
```

라이프 사이클 중 mounted 이후부터 사용할 수 있습니다. 예를 들어 컴포넌트로 만든 <canvas> 요소에 접근하고 싶을 때 사용합니다.

📝 $ref의 사용 방법

루트 이외의 요소는 특별한 속성 ref와 $refs를 사용해서 참조할 수 있습니다. 일단 템플릿에서 대상 요소에 ref 속성을 지정하고 이름을 붙여 줍니다.

HTML

```html
<div id="app">
  <p ref="hello">Hello</p>
  <!-- p 요소에 hello라는 이름 붙이기 -->
</div>
```

이렇게 지정한 요소는 인스턴스 메서드 내부에서 다음과 같이 접근할 수 있습니다.

JavaScript

```javascript
new Vue({
  el: '#app',
  mounted: function() {
    console.log(this.$refs.hello) // p 요소를 DOM으로 다룰 수 있음!
  }
})
```

굉장히 편리한 기능이며, 이후에 나올 코드에서도 자주 등장하므로 꼭 기억해 주세요.

📝 $el과 $refs는 일시적인 변경

$el과 $refs는 가상 DOM을 사용하지 않으므로 렌더링 최적화를 실시하지 않습니다. 따라서 조작이 발생할 때마다 다시 렌더링되므로, 자주 변경되는 DOM 변경에는 사용하기가 적합하지 않습니다.

추가로 다음과 같이 $refs 를 사용해서 DOM을 조작한 경우에도, 데이터에 변경 사항이 있다면 가상 DOM이 다시 만들어지는 과정에서 $refs의 참조가 변경됩니다.

```html
<div id="app">
  <button v-on:click="handleClick">Count up</button>
  <button v-on:click="show=!show">표시/비표시</button>
  <span ref="count" v-if="show">0</span>
</div>
```

```javascript
new Vue({
  el: '#app',
  data: {
    show: true
  },
  methods: {
    handleClick() {
      var count = this.$refs.count
      if (count) {
        count.innerText = parseInt(count.innerText,10) + 1
      }
    }
  }
})
```

현재 예제에서는 'Count up' 버튼을 여러 번 누르더라도, v-if로 변경이 일어나면 다시 '0'으로 돌아옵니다. 직접 DOM을 사용해 텍스트를 변경한 것은 가상 DOM에 영향이 없기 때문입니다.

템플릿 제어 디렉티브

템플릿 또는 컴파일 제어를 위해 다음과 같은 디렉티브가 제공됩니다.

디렉티브	설명
v-pre	템플릿 컴파일 생략하기
v-once	한 번만 바인딩하기
v-text	Mustache 대신 텍스트 콘텐츠로 렌더링하기
v-html	HTML 태그를 그대로 렌더링하기
v-cloak	인스턴스 준비가 끝나면 제거하기

🖌 v-pre

v-pre 디렉티브는 자식 컴포넌트를 포함한 내부의 HTML을 컴파일하지 않고, 정적 콘텐츠로 다룰 때 사용합니다.

HTML

```
<a v-bind:href="url" v-pre>
  Hello {{ message }}
</a>
```

▼ Mustache와 디렉티브 등이 그대로 출력

HTML

```
<a v-bind:href="url">Hello {{ message }}</a>
```

서버 사이드 렌더링 때 XSS를 막기 위한 용도 등으로 사용합니다.

🖌 v-once

v-once 디렉티브는 템플릿을 한 번만 컴파일하고 이후에는 정적 콘텐츠로 다루고
싶을 때 사용합니다.

HTML

```html
<a v-bind:href="url" v-once>
Hello {{ message }}
</a>
```

▼ 한 번만 다음과 같이 렌더링되며, 이후에는 변경되지 않음

HTML

```html
<a href="https://ko.vuejs.org/">Hello Vue.js!</a>
```

렌더링 후에 message 속성이 변경되어도 DOM은 변경되지 않습니다.

🖌 v-text

요소 내부의 텍스트 콘텐츠가 단일 Mustache만으로 구성되어 있을 경우,[3] v-text
디렉티브를 사용해서 마찬가지로 텍스트 콘텐츠를 바인드할 수 있습니다.

JavaScript

```javascript
new Vue({
  el: '#app',
  data: {
    message: 'Hello Vue.js!'
  }
})
```

▼ Mustache 대신 v-text 사용하기

HTML

```html
<span v-text="message"></span>
```

▼ 실제 렌더링 결과

HTML

```html
<span>Hello Vue.js!</span>
```

---

3 **옮긴이** {{ message }}처럼 구성된 경우가 단일 Mustache로 구성된 경우입니다.

이를 활용하면 코드를 간단하게 작성할 수 있는 경우가 많습니다. 이와 관련된 내용은 5장 '컴포넌트로 UI 부품 만들기'에서 알아보겠습니다.

 v-html

Mustache를 사용한 렌더링을 실시할 때는 XSS 대책 때문에 HTML 엔티티화가 이루어집니다.[4] HTML 태그를 직접 출력하고 싶을 때는 v-html 디렉티브를 사용합니다.

```javascript
new Vue({
  el: '#app',
  data: {
    message: 'Hello <strong>Vue.js!</strong>'
  }
})
```

▼ Mustache 대신 v-html 사용하기

```html
<span v-html="message"></span>
```

▼ 실제 렌더링 결과

```html
<span>Hello <strong>Vue.js!</strong></span>
```

주로 API로 가져온 HTML을 그대로 출력할 때 사용합니다.

> **POINT** **'v-html'과 '템플릿'은 신뢰할 수 있는 콘텐츠에 사용하기**
>
> XSS 취약성을 일으킬 수 있으므로 v-html 디렉티브를 적용하는 데이터와 템플릿은 반드시 신뢰할 수 있을 때만 사용하기 바랍니다. 절대로 사용자가 입력한 정보를 그대로 사용하는 일이 없게 해 주세요.
>
> Vue.js는 템플릿에서 자바스크립트를 실행할 수 있으므로 주의해야 합니다. 특히 서버 사이드 렌더링을 사용하거나, 백엔드에서 템플릿을 구축해서 사용하는 경우 더 주의를 기울여야 합니다.
>
> 만약 사용자로부터 제공된 콘텐츠를 포함해서 출력하는 경우에는 v-pre 디렉티브를 사용해서 내부에 있는 Mustache와 디렉티브를 무효화하기 바랍니다.

---

4 **옮긴이** '<p>test</p>'를 '<p>test</p>'로 변환하는 것을 엔티티화라고 부릅니다.

📝 v-cloak

v-cloak 디렉티브는 인스턴스 준비가 끝나면 자동으로 제거됩니다. 인스턴스가 생성될 때까지 Mustache 등의 컴파일 이전 단계의 템플릿이 화면에 출력되는 것을 막을 수 있습니다.

```html
<div id="app" v-cloak>
  {{ message }}
</div>
```

기본적인 사용 방법은 다음과 같은 스타일을 정의하는 것입니다.

```css
[v-cloak] { display: none; }
```

추가로 다음과 같은 스타일을 정의하면 화면을 읽어 들이는 동안 #app 요소를 숨기고 인스턴스가 생성되며, v-cloak 속성이 사라질 때 페이드인 효과를 줄 수 있습니다.

```css
@keyframes cloak-in {
  0% { opacity: 0; }
}
#app {
  animation: cloak-in 1s;
}
#app[v-cloak] {
  opacity: 0;
}
```

조금 잡지식일 수도 있겠지만, 계속해서 언급하는 가상 DOM에 관해서 간단하게 설명해 보겠습니다. 깊게 알 필요는 없지만 다음의 두 가지는 Vue.js를 사용할 때 어느 정도 기억하고 있으면 좋습니다.

- '데이터 변경'과 '실제 DOM의 변경' 처리는 비동기적으로 이루어짐
- DOM 재사용으로 인해 예측하지 못한 문제가 발생할 수 있음

가상 DOM은 바인딩한 데이터를 기반으로 만들어지며, DOM 노드와 마찬가지로 '가상 노드(VNode)'라 고 부르는 노드로 이루어진 트리 구조를 갖습니다.

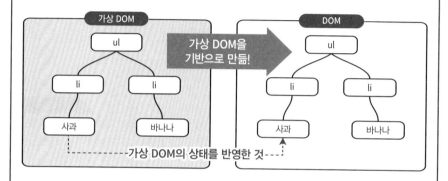

◆ DOM을 변경하는 시점

Vue.js는 DOM과 연결된 데이터를 변경하더라도 이를 곧바로 DOM에 반영하지 않습니다. 가상 DOM 에서 실제 DOM으로 반영되는 것은 Vue.js의 리액티브 시스템에 의해서 다시 렌더링 처리가 이루어지 는 시점입니다. 따라서 데이터를 변경한 직후에 DOM에 접근해도 반영 전의 상태 그대로입니다.

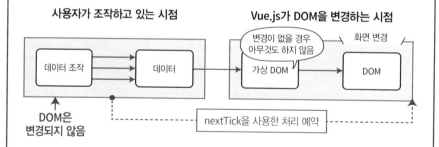

반영된 DOM에 접근하려면, DOM 변경을 기다리기 위해 제공되는 nextTick을 사용해야 합니다. 이와 관련된 내용은 4장에서 설명하겠습니다.

◆ 최적화를 위한 DOM 재사용과 부작용

Vue.js가 가상 DOM을 사용하는 목적은 렌더링 처리의 성능을 향상시키기 위함입니다. 가상 DOM의 차이를 확인하는 알고리즘을 사용해서 렌더링 처리 전에 가상 DOM 트리에서 변경 대상을 확인하고, 이러한 대상들에만 실제 DOM 노드 추가/변경/제거 등의 DOM 조작을 실시합니다.

이처럼 DOM 조작을 최소한으로 유지하므로 렌더링 성능이 굉장히 좋지만, 이로 인해서 의도하지 않은 결과가 나오는 경우도 있습니다. 예를 들어서 다음과 같은 코드를 살펴봅시다.

> **HTML**

```html
<div v-if="toggle">
  A <input type="text">
</div>
<div v-else>
  B <input type="text">
</div>
```

이러한 코드에서 `toggle`의 변경에 의해 렌더링이 바뀌는 경우, input 요소의 글자는 변경되지 않고, 'A'와 'B'라는 글자만 변경됩니다. 이는 가상 DOM에서 변경이 없다라고 판단되는 DOM을 재사용하기 때문입니다.

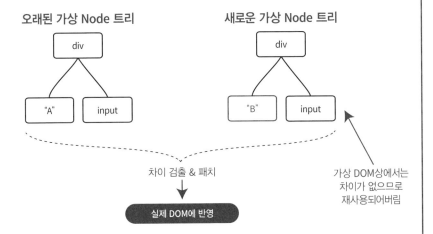

이와 같은 문제를 막으려면, 변경이 필요한 요소 또는 그를 포함하는 요소에 key 속성을 부여해야 합니다. 다음과 같이 input 요소에 key를 설정하면 토글 때 새로 렌더링됩니다.

```html
<div v-if="toggle">
  A <input type="text" key="a">
</div>
<div v-else>
  B <input type="text" key="b">
</div>
```

이처럼 Vue.js는 가상 DOM을 사용하므로, 렌더링 처리가 굉장히 유연합니다. 하지만 이로 인해 발생하는 문제도 존재하므로 주의하기 바랍니다.

◆ jQuery 등의 DOM 조작 라이브러리와 함께 사용하기

Vue.js를 사용하면 기본적으로 jQuery와 같은 DOM 조작 계열의 라이브러리를 같이 사용하지 않아도 됩니다. DOM을 직접 조작해봤자, 데이터가 바뀌지 않는 이상 가상 DOM이 변경되는 것은 아니기 때문입니다.

DOM 변경은 데이터 바인딩이 기본입니다. 만약 DOM에 접근해야 할 필요가 있을 경우, Vue.js가 제공하는 $el, $refs, 사용자 정의 디렉티브 기능 등을 사용합니다. 다른 라이브러리와 함께 사용하는 경우에도 최대한 Vue.js의 기능을 사용하거나, 이벤트 버스 또는 Vuex를 조합해서 데이터를 조작하기 바랍니다.

☑ 정리 ⋯⋯⋯⋯⋯⋯⋯⋯⋯⋯⋯⋯⋯⋯⋯⋯
- 사용하고 싶은 데이터는 data 옵션에 등록합니다.
- 리스트를 사용할 경우 유니크한 key를 적는 것이 좋습니다.
- 배열 인덱스를 사용한 변경은 Vue.set을 사용합니다.
- 함수 호출 방법에 따라 this가 변화할 수 있습니다.
- $el, $refs는 mounted 이후부터 사용할 수 있습니다.

CHAPTER 3

이벤트와
입력 양식

13 이벤트 핸들링

일단 '버튼을 클릭했을 때'라는 DOM 이벤트를 받아서 처리하는 '이벤트 핸들러'와 같은 용어에 대해서 살펴보겠습니다.

이 책에서는 이벤트의 처리 내용을 이벤트 핸들러(Event Handler)(또는 핸들러)라고 부르며, 이벤트 핸들러를 이벤트와 연결하는 것을 핸들(handle)이라고 표현합니다.

기존에는 자바스크립트의 addEventListener 메서드와 jQuery의 $(element). on 메서드를 사용했지만, Vue.js에서는 템플릿 내부에 v-on 디렉티브를 작성해서 이벤트를 연결합니다.

▼ 버튼을 클릭했을 때 이벤트 핸들러 호출하기

HTML

```
<button v-on:click="<이벤트 핸들러>">클릭</button>
```

📝 메서드 이벤트 핸들러

메서드 이벤트 핸들러는 컴포넌트의 methods 옵션에 정의되어 있는 메서드 이름을 지정합니다.

HTML

```
<button v-on:click="handleClick">클릭</button>
```

v-on은 생략해서 '@'라고 작성할 수도 있지만, v-bind 때와 마찬가지로 현재 단계에서는 v-on이라고 입력해서 사용하겠습니다.

```html
<button @click="handleClick">클릭</button>
```

위의 두 템플릿은 완전히 같은 의미를 갖고 있습니다. 버튼의 클릭 이벤트 핸들러를 handleClick 메서드로 지정하는 코드입니다.

▼ 버튼을 클릭하면 handleClick 호출하기

JavaScript

```javascript
new Vue({
  el: '#app',
  methods: {
    handleClick: function() {
      alert('클릭했어요!')
    }
  }
})
```

🖋 인라인 메서드 핸들링

인라인 메서드 핸들링이란, 디렉티브의 값에 자바스크립트 식을 직접 작성하는 것입니다. 식을 사용할 수 있으므로 다음과 같이 인라인 처리를 할 수 있습니다.

▼ 버튼을 클릭하면 값 변경하기

HTML

```html
<button v-on:click="count++">클릭</button>
```

핸들러를 너무 길게 작성하면 템플릿이 보기 힘들어지므로, 재사용을 거의 하지 않는 짧은 식만 사용해 주세요.

인라인 메서드 핸들러의 식에서는 이벤트 객체 또는 사용자 정의 이벤트 매개변수를 $event라는 변수 이름으로 사용할 수 있습니다.

다음 예는 이벤트 객체와 스코프 내부의 item 속성을 매개 변수로 handleClick 메서드를 호출합니다.

```html
<button v-on:click="handleClick($event, item)">클릭</button>
```

🖊 사용할 수 있는 이벤트

DOM 이벤트는 애플리케이션을 실행하는 브라우저에서 지원하는 경우에만 사용할 수 있습니다. 반대로 말하면, 브라우저에서 지원하는 것이라면 모두 사용할 수 있다는 의미입니다.

▼ 이미지 로드 이벤트 핸들

```html
<img src="image.png" v-on:load="show=true" v-bind:class="{hide:!show}">
```

이런 코드를 사용하면 이미지 로드가 종료될 때 트랜지션을 출력할 수 있습니다.

```css
img {
  opacity: 1;
  transition: opacity 1s;
}
img.hide {
  opacity: 0;
}
```

이 이외에도 브라우저에서 지원하는 이벤트라면 다음과 같은 형태로 사용할 수 있습니다.

```html
<!-- 요소의 스크롤 이벤트 핸들하기 -->
<div v-on:scroll="handler">
  콘텐츠
</div>
<!-- 마우스 휠 이벤트 핸들하기 -->
<div v-on:mousewheel="handler">
  콘텐츠
</div>
```

다음과 같은 드래그 이벤트는 크롬과 IE10 이상에서만 동작하므로, IE9에서는 동작하지 않습니다.

▼ IE9에서는 동작하지 않음

```html
<div v-on:dragstart="handler" draggable>
  드래그 가능
</div>
```

📝 입력 양식 입력 추출하기

입력 양식의 입력 값은 다음 절에서 설명하는 v-model을 사용하면 간단하게 다룰 수 있습니다. 그렇긴 하지만 v-on 디렉티브를 사용해서 입력 내용을 확인하고, 데이터에 할당하는 처리를 직접 실시해 보겠습니다.

```html
<input v-bind:value="message" v-on:input="handleInput">
```

```javascript
new Vue({
  el: '#app',
  data: {
    message: 'Hello Vue.js',
  },
  methods: {
    handleInput: function(event) {
      // 할당 전에 어떤 처리하기
      this.message = event.target.value
    }
  }
})
```

🖋 이벤트 장식자

이벤트 장식자는 DOM 이벤트의 기본적인 동작을 변경해 주는 장식자입니다.

장식자	설명
.stop	event.stopPropagation()을 호출합니다.
.prevent	event.preventDefault()를 호출합니다.
.capture	캡처 모드로 DOM 이벤트를 핸들합니다.
.self	이벤트가 해당 요소에서 직접 발생할 때만 핸들러를 호출합니다.
.native	컴포넌트의 루트 요소 위에 있는 네이티브 이벤트를 핸들합니다.
.once	한 번만 핸들하게 합니다.
.passive	{passive: true}로 DOM 이벤트를 핸들합니다.

클릭 이벤트는 다음과 같은 장식자를 사용해서 마우스 버튼을 지정할 수도 있습니다.

장식자	설명
.left	마우스 왼쪽 버튼으로 눌렀을 때만 핸들러를 호출합니다.
.right	마우스 오른쪽 버튼으로 눌렀을 때만 핸들러를 호출합니다.
.middle	마우스 중간 버튼으로 눌렀을 때만 핸들러를 호출합니다.

▼ 마우스 오른쪽 버튼을 눌렀을 때   HTML

```
<div v-on:click.right="handler">example</div>
<!-- 마우스 오른쪽 버튼을 눌렀을 때 컨텍스트 메뉴가 출력되지 않음 -->
<div v-on:click.right.prevent="handler">example</div>
```

다음과 같은 메서드를 사용해서 어떻게 동작되는지 확인해 봅시다.

```javascript
new Vue({
  el: '#app',
  methods: {
    handler: function(comment) {
      console.log(comment)
    }
  }
})
```

일반적인 HTML에서는 같은 이벤트를 핸들한 DOM이 네스트되어 있을 경우, event.target 요소에서 차례대로 바깥 부분(부모 요소 방향)으로 이벤트가 전달되는 버블링이 일어납니다. 이처럼 이벤트 장식자를 지정하면 버블링을 제한할 수 있습니다.

◆ .stop

.stop은 이벤트 버블링을 막습니다.

```html
<div v-on:click="handler('div1')">
  div1
  <a href="#top" v-on:click.stop="handler('div2')">div2</a>
</div>
```

▼ div2를 클릭했을 때의 콘솔 로그

```
div2
```

참고로 기본 이벤트를 막지는 않았으므로 해시는 변경됩니다.

◆ .prevent

.prevent는 링크 이동 또는 submit처럼 기본 처리를 막습니다.

```
<div v-on:click="handler('div1')">
  div1
  <a href="#top" v-on:click.prevent="handler('div2')">div2</a>
</div>
```

▼ div2를 클릭했을 때의 콘솔 로그

```
div2
div1
```

해시는 변경되지 않습니다.

◆ .capture

.capture는 이벤트를 캡처 모드로 발생시킵니다. 루트 요소에서 이벤트 타겟 요소까지 DOM 트리를 찾아 내려가는 캡처를 할 때(캡처 페이즈)에 이벤트가 발생됩니다. 따라서 버블링 모드의 이벤트보다 먼저 이벤트가 발생하게 됩니다.

```
<div v-on:click.capture="handler('div1')">
  div1
  <div v-on:click="handler('div2')">
    div2
    <div v-on:click="handler('div3')">div3</div>
  </div>
</div>
```

▼ div3를 클릭했을 때의 콘솔 로그

```
div1
div3
div2
```

◆ .self

.self는 event.target 요소가 자기 자신일 때만 핸들러가 호출되게 합니다.

```html
<div class="overlay" v-on:click.self="close">...</div>
```

모달 대화 상자의 배경 부분을 클릭해서 닫는 경우 등에 사용합니다.

◆ .native

DOM 이벤트라도 $emit을 사용하지 않으면 호출되지 않도록 합니다. 따라서 이벤트를 직접 호출하고 싶은 경우에는 .native 장식자를 사용합니다.

```html
<!-- 컴포넌트를 클릭하면 핸들러가 호출됨 -->
<my-component v-on:click.native="handler"></my-component>
<!-- 컴포넌트를 클릭하더라도 핸들러가 호출되지 않음 -->
<my-component v-on:click="handler"></my-component>
```

이와 관련된 자세한 내용은 5장 '컴포넌트로 UI 부품 만들기'에서 자세하게 살펴보겠습니다.

◆ .passive

event.preventDefault()를 사용하지 않겠다고 명시하는 것입니다. 따라서 .prevent 장식자와 함께 사용할 수 없습니다. 모바일 환경에서 비용이 높은 처리를 할 때 화면 움직임이 부드럽지 않다면 이를 활용해서 퍼포먼스를 높입니다.

🖋 키 장식자

키 장식자는 특정 키 코드 입력만 핸들러를 호출하게 만들어줍니다. 일반적으로 자주 사용되는 키 코드는 모두 별칭이 등록되어 있습니다. 다음 예는 모두 엔터 키를 눌렀을 때 핸들러를 호출합니다.

```html
<input v-on:keydown.13="handler">
<input v-on:keydown.enter="handler">
```

◆ 사용할 수 있는 키 코드 별칭

사용할 수 있는 키 코드 별칭은 다음과 같습니다.

별칭	의미
.enter	Enter(엔터) 키를 눌렀을 때
.tab	Tab(탭) 키를 눌렀을 때
.delete	Delete(딜리트) 키를 눌렀을 때
.esc	ESC 키를 눌렀을 때
.space	Space(스페이스) 키를 눌렀을 때
.up	화살표 위 키를 눌렀을 때
.down	화살표 아래 키를 눌렀을 때
.left	화살표 왼쪽 키를 눌렀을 때
.right	화살표 오른쪽 키를 눌렀을 때

여러 개의 키 코드를 붙여서 입력하면 'OR'을 의미합니다.

▼ 화살표 키를 눌렀을 때 핸들러 호출하기

HTML

```html
<input v-on:keydown.up.down.left.right="handler">
```

🖋 시스템 장식자

시스템 장식자는 대응하는 키가 눌린 경우에만 핸들러를 호출하게 합니다. 사용할
수 있는 시스템 장식자는 다음과 같습니다.

별칭	의미
.ctrl	Ctrl(컨트롤) 키가 눌린 경우
.alt	Alt(알트) 키가 눌린 경우
.shift	Shift(시프트) 키가 눌린 경우
.meta	Meta(메타) 키가 눌린 경우

▼ Shift 키를 누르면서 클릭했을 때

```
<button v-on:click.shift="doDelete">제거 버튼</button>
```

이 이외에도 마우스 버튼 장식자 또는 고급 키 핸들링도 할 수 있습니다.

별칭은 환경에 따라 동작하지 않을 수도 있습니다. 따라서 주의하면서 사용해야 합니다. 이와 관련된 자세한 내용은 Vue.js 공식 문서의 '이벤트 핸들링 ➡ 시스템 수식어 키 목록'을 확인해 주세요.

입력 양식 입력 핸들링

입력 양식의 값 또는 선택 값을 데이터와 동기화하는 양방향 데이터 바인딩을 실시할 때는 v-model 디렉티브를 사용합니다.

✏️ v-model 사용 방법

v-model 디렉티브의 값에 사용자 입력과 동기화할 데이터를 지정합니다. 다음 예는 텍스트 입력 양식의 입력 값과 message 속성을 바인딩하는 것입니다. 입력 양식의 문자를 변경하면, 동기화되면서 아래에 있는 글자도 함께 변경됩니다.

HTML

```html
<div id="app">
  <input v-model="message">
  <p>{{ message }}</p>
</div>
```

HTML

```html
new Vue({
  el: '#app',
  data: {
    message: 'Hello!'
  }
})
```

윈도우 환경에서 한국어, 일본어, 중국어처럼 IME 입력 확정 처리가 필요한 경우, 입력이 확정되기 전까지 데이터를 변경하지 않습니다. 만약 확정 전에 데이터를 변경

하고 싶은 경우, input 이벤트를 사용하는 것이 좋습니다.[5]

🖋 Vue.js의 양방향 데이터 바인딩

v-model 디렉티브는 다음과 같은 두 가지 처리를 한 번에 작성할 수 있게 해 줍니다.

❶ 데이터 바인딩으로 요소의 value 속성 변경하기
❷ 이벤트 핸들링으로 받은 값을 데이터에 대입하기

◆ 데이터 바인딩하기(처리 ❶)

Vue.js는 리액티브 데이터를 DOM 요소에 데이터 바인딩해서 데이터의 변경을 감지할 때마다 연결된 DOM 요소를 자동으로 변경합니다.

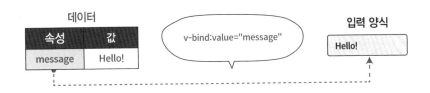

◆ 이벤트 바인딩하기(처리 ❷)

<input> 요소처럼 사용자로부터 어떤 입력을 받는 DOM 요소의 경우, 사용자의 입력 이벤트를 트리거로 하여 데이터를 얻을 수 있습니다.

만약 입력한 문자를 데이터에 반영하고 싶은 경우, 입력 이벤트를 핸들링해서 추출한 데이터를 다음과 같이 리액티브 데이터에 대입해야 합니다.

---

5 **옮긴이** 윈도우는 아시아 계열의 문자를 처리할 때 'ㅇ', 'ㅏ', 'ㄴ'을 입력해서 '안'을 입력하는 형태로 사용합니다. 이때 '안'이 확정되어 입력되는 것을 'IME 입력 확정'이라고 부릅니다.

HTML

```
this.message = event.target.value // 여기에서 데이터 변경하기
```

이렇게 하면 message 속성의 값이 'Hello!'에서 'Vue.js!'로 변경되며, message 속성을 바인드하고 있는 모든 위치에 반영됩니다.

◆ 처리 ❶과 처리 ❷를 자동화하기

같은 데이터(현재 예제에서는 message)를 사용한 처리는 일반적으로 아무 문제없이 잘 이루어집니다. v-model 디렉티브는 'DOM 요소에 적용한 데이터 바인딩'과 '요소에서 추출한 데이터를 리액티브 데이터로 반영하는 처리'를 자동화해 주는 구문입니다.

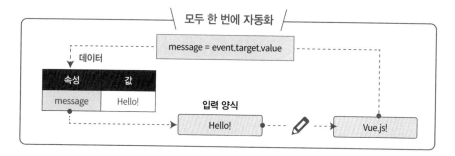

UI를 쉽게 구축할 수 있다는 것이 Vue.js의 좋은 점 중 하나라고 할 수 있습니다.

v-model은 양방향 데이터 바인딩이라고 부르긴 하지만, 실제로는 데이터를 가지고 있는 쪽에서 데이터를 변경하는 처리를 자동화하는 행위라고 할 수 있습니다.

📝 v-model로 받은 데이터의 자료형

일반적인 입력 양식은 모든 값을 문자열 자료형으로 다루며, 여러 개를 선택할 수 있는 입력 양식의 경우는 값을 배열로 다룹니다. 하지만 일부 입력 양식은 이 입력 양식의 형태에 따라서 값을 다루는 방식이 다릅니다.

📝 텍스트 에리어

텍스트 에리어는 데이터를 문자열로 다룹니다.

HTML

```html
<textarea v-model="message"></textarea>
<pre>{{ message }}</pre>
```

JavaScript

```javascript
new Vue({
  el: '#app',
  data: {
    message: 'Hello!'
  }
})
```

참고로 텍스트 에리어는 다음과 같이 Mustache를 사용한 데이터 바인딩이 불가능합니다. 그러므로 v-model 또는 v-bind:value를 사용합시다.

HTML

```html
<!-- 이러한 형태로 사용할 수 없습니다. -->
<textarea>{{ message }}</textarea>
```

🖊 체크 박스

체크 박스는 하나의 요소를 선택할 수도 있고, 여러 개의 요소를 선택할 수도 있습니다.

◆ 하나의 요소를 선택

하나의 요소를 선택하는 체크 박스는 기본적으로 데이터를 불(Boolean)로 다룹니다.

HTML

```
<label>
  <input type="checkbox" v-model="val"> {{ val }}
</label>
```

JavaScript

```
new Vue({
  el: '#app',
  data: {
    val: true
  }
})
```

체크 상태에 따라 요소에 값을 설정하고 싶은 경우에는 `true-value`와 `false-value`라는 특별한 속성을 사용합니다.

HTML

```
<input type="checkbox" v-model="val" true-value="yes" false-value="no">
```

◆ 여러 개의 요소를 선택

여러 개의 요소를 선택하는 체크 박스는 배열로 데이터를 다룹니다. `v-model`에 모두 같은 배열 데이터를 지정하고, 각각의 요소에 `value` 속성을 설정하는 형태로 사용합니다.

```
<label><input type="checkbox" v-model="val" value="A"> A</label>
<label><input type="checkbox" v-model="val" value="B"> B</label>
<label><input type="checkbox" v-model="val" value="C"> C</label>
<p>{{ val }}</p>
```

```
new Vue({
  el: '#app',
  data: {
    val: []
  }
})
```

▼ A와 C를 선택한 경우

```
["A", "C"]
```

체크된 체크 박스 값은 val 속성에 저장됩니다.

📝 라디오 버튼

라디오 버튼은 기본적으로 데이터를 문자열로 다룹니다.

```
<label><input type="radio" value="a" v-model="val">A</label>
<label><input type="radio" value="b" v-model="val">B</label>
<label><input type="radio" value="c" v-model="val">C</label>
<p>{{ val }}</p>
```

```
new Vue({
  el: '#app',
  data: {
    val: ''
  }
})
```

📝 선택 박스

선택 박스는 하나의 요소를 선택할 수도 있고, 여러 개의 요소를 선택할 수도 있습니다.

◆ 하나의 요소를 선택

하나의 요소를 선택하는 선택 박스는 기본적으로 데이터를 문자열로 다룹니다.

HTML

```html
<select v-model="val">
  <option disabled="disabled">선택해 주세요.</option>
  <option value="a">A</option>
  <option value="b">B</option>
  <option value="c">C</option>
</select>
```

JavaScript

```javascript
new Vue({
  el: '#app',
  data: {
    val: ''
  }
})
```

◆ 여러 요소를 선택

여러 개의 요소를 선택하는 선택 박스는 데이터를 배열로 다룹니다.

HTML

```html
<select v-model="val" multiple>
  <option value="a">A</option>
  <option value="b">B</option>
  <option value="c">C</option>
</select>
<p>{{ val }}</p>
```

```javascript
new Vue({
  el: '#app',
  data: {
    val: []
  }
})
```

▼ A와 C를 선택한 경우

```
["A", "C"]
```

📝 이미지 파일

파일 타입에는 v-model 디렉티브를 사용할 수 없습니다. 리액티브 데이터와 동기화할 때는 change 이벤트를 바인딩해서 사용합니다.

```html
<input type="file" v-on:change="handleChange">
<div v-if="preview"><img v-bind:src="preview"></div>
```

```javascript
new Vue({
  el: '#app',
  data: {
    preview: ''
  },
  methods: {
    handleChange: function(event) {
      var file = event.target.files[0]
      if (file && file.type.match(/^image\/(png|jpeg)$/)) {
        this.preview = window.URL.createObjectURL(file)
      }
    }
  }
})
```

이미지가 변경되면 화면에 프리뷰를 출력합니다.

✍ 다른 입력 타입

range나 color 등의 HTML5 입력 양식도 사용할 수 있습니다.

HTML

```html
<input type="range" v-model.number="val"> {{ val }}
```

JavaScript

```javascript
new Vue({
  el: '#app',
  data: {
    val: 50
  }
})
```

기본적으로 `<input>` 요소의 입력 값은 문자열이 됩니다. 따라서 이를 숫자 등으로 받고 싶을 때는 다음 절에서 설명하는 `.number` 장식자 등을 활용하는 것이 좋습니다.

✍ 장식자

v-model 디렉티브에는 다음과 같은 장식자를 사용할 수 있습니다.

장식자	의미
.lazy	input 대신 change 이벤트 핸들링하기
.number	값을 숫자로 변환하기
.trim	값 양쪽에 있는 쓸데없는 공백 제거하기

예를 들어 `.number` 장식자는 다음과 같이 사용합니다.

HTML

```html
<input type="text" v-model.number="price"> {{ price }}
```

```
new Vue({
  el: '#app',
  data: {
    price: 100
  }
})
```

◆ .lazy

기본적으로 입력 양식은 입력이 되는 시점에 동기화되지만, .lazy를 사용하면 change 이벤트가 발생하는 시점에 변경됩니다. 참고로 change 이벤트는 텍스트 입력 양식의 경우, 초점이 제거되거나 엔터(Enter) 키 등을 눌렀을 때 발생합니다.

◆ .number

.number를 사용하면 숫자로 변환해 줍니다. type="number"를 지정하더라도, <input> 요소의 value 속성은 문자열로 들어갑니다. 이를 숫자로 받고 싶은 경우에 사용합니다.

◆ .trim

.trim을 사용하면 문자열 앞/뒤에 붙어 있는 줄바꿈 또는 공백 등의 여백을 제거해 줍니다.

15 마운트 요소 외의 이벤트 조작

컴포넌트를 마운트한 요소 내부에서 발생하는 이벤트는 v-on 디렉티브를 사용해서 핸들할 수 있습니다. 하지만 window와 body에는 v-on을 사용할 수 없습니다.

따라서 window 객체는 addEventListener 메서드를 사용해야 하지만, v-on과 다르게 필요가 없어지는 경우에 핸들러가 자동으로 제거되지 않습니다. 따라서 불필요해지는 경우가 발생하면 사전에 훅을 해서 핸들러를 제거해야 합니다.

📝 스크롤 이벤트 추출하기

스크롤처럼 발생 빈도가 높은 이벤트는 타이머를 이용해서 처리 실행 빈도를 확인하는 형태로 사용하는 것이 좋습니다. 다음 예는 window의 스크롤 이벤트를 핸들해서, 200ms 간격으로 scrollY 속성을 변경합니다.

▼ 스크롤 수치를 추출하는 예   **JavaScript**

```javascript
new Vue({
  el: '#app',
  data: {
    scrollY: 0,
    timer: null
  },
  created: function() {
    // 핸들러 등록하기
    window.addEventListener('scroll', this.handleScroll)
  },
  beforeDestroy: function() {
    // 핸들러 제거하기(컴포넌트 또는 SPA의 경우 절대 잊지 말아 주세요!)
    window.removeEventListener('scroll', this.handleScroll)
  },
```

▼

```
  methods: {
    // 위화감을 느끼지 않을 200ms 간격으로 scroll 데이터를 변경하는 예
    handleScroll: function() {
      if (this.timer === null) {
        this.timer = setTimeout(function() {
          this.scrollY = window.scrollY
          clearTimeout(this.timer)
          this.timer = null
        }.bind(this), 200)
      }
    }
  }
})
```

이와 같은 scrollY 속성을 사용하면 사이드 바를 고정하거나, 어느 정도 스크롤되었을 때 헤더를 작게 만드는 등의 동적 스타일을 적용할 수 있습니다.

HTML

```
<div id="app">
  <header v-bind:class="{ compact: scrollY > 200 }">
    200px 이상 스크롤했으면, .compact 클래스 추가하기
  </header>
</div>
```

마운트 요소 외에 <head> 또는 <body> 요소는 가상 DOM을 사용하지 않으므로, 성능 면에서 문제가 발생할 수 있으니 주의해 주세요.

🖋 스무스 스크롤 구현하기

'페이지 가장 위로 부드럽게 이동'하는 스무스 스크롤(smooth scroll)을 구현할 때는
window 객체를 조작해야 합니다. 이는 트윈(tween) 계열의 라이브러리를 사용하
면 쉽게 구현할 수 있습니다. 다음 예는 라이브러리를 사용해서 'Smooth Scroll'을
Vue.js와 결합하는 예입니다.

▼ Vue에서 핸들링하기

HTML

```html
<script src="https://cdn.jsdelivr.net/npm/smooth-scroll@12.1.5"></script>
<div id="app">
  <div class="content">...</div>
  <div v-on:click="scrollTop">
    페이지 상단으로 이동하기
  </div>
</div>
```

JavaScript

```javascript
var scroll = new SmoothScroll()
new Vue({
  el: '#app',
  methods: {
    scrollTop: function() {
      scroll.animateScroll(0)
    }
  }
})
```

자세한 사용 방법은 'Smooth Scroll' 문서를 참고해 주세요.

- 스무스 스크롤 - 깃허브
  URL https://github.com/cferdinandi/smooth-scroll

2장에서도 설명했지만 기본적으로 Vue.js를 사용하면, jQuery와 같은 DOM 조작 계열 라이브러리를 사용하지 않아도 됩니다. 하지만 플러그인 구현 등을 실시할 때 Vue.js로 만들 수 없다면, 자바스크립트의 dispatchEvent를 사용해서 Vue.js에서 이벤트를 감지하게 할 수 있습니다. 다음 예는 jQuery의 val 메서드를 사용해서 입력 양식의 값을 변경한 후, 명시적으로 이벤트를 발생시켜서 Vue.js에서 이벤트를 감지하게 하는 코드입니다.

HTML

```html
<div id="app">
  <input id="message" v-on:input="handleInput">
  <button data-update="jQuery!">jQuery로 변경하기</button>
</div>
```

JavaScript

```javascript
$(document).on('click', '[data-update]', function() {
  $('#message').val($(this).attr('data-update'))
  // 입력 값을 변경했다면 이벤트 발생시키기
  $('#message')[0].dispatchEvent(new Event('input'))
})
new Vue({
  el: '#app',
  methods: {
    handleInput: function(event) {
      console.log(event.target.value)
    }
  }
})
```

☑ 정리 ....

- 이벤트 핸들러는 v-on을 사용해서 템플릿에서 정의할 수 있습니다.
- v-model은 데이터 바인딩과 이벤트 핸들링을 자동화해 줍니다.

CHAPTER **4**

데이터
감시하고
가공하기

산출 속성으로 처리를 포함한 데이터 만들기

산출 속성이란, 처리를 포함하고 있는 데이터입니다.

Mustache와 디렉티브의 값에 자바스크립트를 사용할 수 있기는 하지만, 자바스크립트 식을 넣어버리면 템플릿의 가독성이 크게 떨어질 수 있습니다. 이때 산출 속성을 사용하면 코드의 가독성을 크게 향상할 수 있답니다.

✍️ 산출 속성 사용 방법

산출 속성은 임의의 데이터를 리턴하는 함수를 computed 옵션에 정의합니다. 다음 산출 속성 halfWidth는 width 속성의 절반을 계산해서 리턴하는 함수입니다.

▼ main.js　　　　　　　　　　　　　　　　　　　　　　　　　　**JavaScript**

```javascript
new Vue({
  el: '#app',
  data: {
    width: 800
  },
  computed: {
    // 산출 속성 halfwidth 정의하기
    halfWidth:function() {
      return this.width / 2
    }
  }
})
```

computed는 함수로 정의했지만, 다음과 같이 속성처럼 사용할 수 있습니다.

```html
<p>{{ width }}의 절반은 {{ halfWidth }}입니다.</p>
```

```javascript
console.log(this.halfWidth) // -> 400
```

computed에 정의한 함수는 Vue 인스턴스 초기화 때 내부적으로 Object.define Property 함수가 사용되어, Vue 인스턴스의 속성으로 등록됩니다. 따라서 this. halfWidth 형태로 사용할 수 있습니다.

📝 산출 속성을 조합해서 사용하기

산출 속성을 사용해서 다른 산출 속성을 정의할 수도 있고, 값으로 객체 또는 배열을 사용해도 됩니다. 다음 산출 속성 halfPoint는 별도로 정의한 산출 속성 halfWidth와 halfHeight를 사용해서, width와 height를 객체로 리턴합니다.

```html
<p>X: {{ halfPoint.x }}</p>
<p>Y: {{ halfPoint.y }}</p>
```

```javascript
new Vue({
  el: '#app',
  data: {
    width: 800,
    height: 600
  },
  computed: {
    halfWidth: function() {
      return this.width / 2
    },
    halfHeight: function() {
      return this.height / 2
    },
    // 'width×height'의 중심 좌표 객체 리턴하기
    ▼
```

```
    halfPoint: function() {
      return {
        x: this.halfWidth,
        y: this.halfHeight
      }
    }
  }
})
```

▼ 실제 렌더링 결과

```
<p>X: 400</p>
<p>Y: 300</p>
```

이러한 형태로 산출 속성을 여러 개로 구분한 뒤 조합해서 사용하면 더 다양한 활용이 가능합니다.

🖌 게터와 세터

산출 속성은 기본적으로 원래 데이터에 영향을 주지 않습니다. 따라서 산출 속성에 값을 대입하면 오류가 발생합니다.

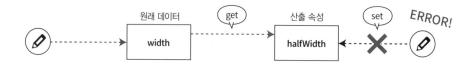

하지만 필요하면 세터를 만들 수도 있습니다.

▼ halfWidth를 입력 양식에 바인딩하기

```
<input v-model.number="width"> {{ width }}
<input v-model.number="halfWidth"> {{ halfWidth }}
```

세터를 사용할 때는 다음과 같이 객체로 get과 set 속성을 함수로 정의합니다. 다음 예는 산출 속성 halfWidth에 값을 대입하면, 이를 두 배(2) 곱하여 width에 할당합니다.

```
new Vue({
  el: '#app',
  data: {
    width: 800
  },
  computed: {
    halfWidth: {
      get:function() { return this.width / 2 },
      // halfWidth를 2배수한 숫자를 width에 할당하기
      set: function (val) { this.width = val * 2 },
    }
  }
})
```

원래 데이터 　　get　　 산출 속성 　　set

width → halfWidth

산출 속성 halfWidth에 게터와 세터를 구현하면, width와 halfWidth가 양방향 흐름을 가지게 되어서 항상 동기화됩니다.

📝 산출 속성 캐시 기능

산출 속성과 메서드 사이에는 커다란 차이가 있습니다. 산출 속성은 리액티브 데이터를 기반으로 결과를 캐시합니다. 캐시의 트리거가 되는 것은 **리액티브 데이터**뿐입니다.[6] 예를 들어, 다음 산출 속성이 사용하는 Math.random()은 리액티브 데이터가 아니므로, 몇 번을 실행해도 같은 숫자가 리턴됩니다.

6 　**옮긴이** 리액티브 데이터가 변경되기 전까지 산출 속성을 캐시한다는 의미입니다.

```html
<!-- 산출 속성 -->
<ol>
  <li>{{ computedData }}</li>
  <li>{{ computedData }}</li>
</ol>
<!-- 메서드 -->
<ol>
  <li>{{ methodsData() }}</li>
  <li>{{ methodsData() }}</li>
</ol>
```

```javascript
new Vue({
  el: '#app',
  computed: {
    computedData: function() { return Math.random() }
  },
  methods: {
    methodsData: function() { return Math.random() }
  }
})
```

따라서 용도에 따라 산출 속성과 메서드를 잘 구분해서 사용해 주세요.

🖌 리스트 필터링

캐시 기능 때문에 산출 속성은 원래 데이터에 변경이 있을 때까지 처리를 추가로 실행하지 않습니다. 따라서 **복잡한 처리**를 하기에 적합합니다.

이러한 특성을 활용해서 필터링 기능을 가진 인터랙티브 리스트를 만들어봅시다.

다음 예는 산출 속성으로 리스트에서 '○원 이하'의 상품을 '○개 만' 출력하는 기능을 구현한 것입니다.

```html
<div id="app">
  <input v-model.number="budget">원 이하 필터링하기
  <input v-model.number="limit">개의 결과 출력하기
  <p>{{ matched.length }}개 중에 {{ limited.length }}개를 출력하고 있습니다.</
p>
  <ul>
    <!-- v-for는 최종 결과라고 할 수 있는 산출 속성 limited 사용하기 -->
    <li v-for="item in limited" v-bind:key="item.id">
      {{ item.name }} {{ item.price }}원
    </li>
  </ul>
</div>
```

▼ main.js

```javascript
new Vue({
  el: '#app',
  data: {
    // 입력 양식에 출력할 데이터
    budget: 300,
    // 출력할 개수
    limit: 2,
    // 데이터 리스트
    list: [
      { id: 1, name: '사과', price: 100 },
      { id: 2, name: '바나나', price: 200 },
      { id: 3, name: '딸기', price: 400 },
      { id: 4, name: '오렌지', price: 300 },
      { id: 5, name: '메론', price: 500 }
    ]
  },
  computed: {
    // budget 아래의 리스트를 리턴하는 산출 속성
    matched: function() {
      return this.list.filter(function(el) {
        return el.price <= this.budget
      }, this)
    },
    // matched로 리턴한 데이터를 limit 조건을 걸어 리턴하는 산출 속성
    limited: function() {
      return this.matched.slice(0, this.limit)
```

▼

```
      }
    }
  })
```

▼ 실제 화면의 모습

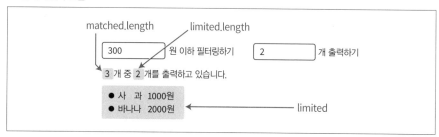

현재 예에서는 매치한 리스트를 리턴하는 matched, 거기서 추가로 출력 개수만큼을 리턴하는 limited를 서로 다른 산출 속성으로 정의했습니다.

이렇게 구현하면 중간 데이터를 사용할 수도 있으며, 몇 개나 출력할지를 나타내는 limit의 숫자를 변경해도 matched는 캐시가 사용되므로 limited와 관련된 처리만 다시 이루어집니다.

참고로 최종적인 결과로 사용할 속성을 리턴하는 filteredList라는 산출 속성도 만들어 주면 좋습니다.

`JavaScript`

```javascript
filteredList: function() {
  return this.limited // 변경이 있을 경우, 템플릿이 아니라 여기를 수정합니다.
}
```

이렇게 만들면 디자이너와 공동 작업할 때 원활한 유지 보수를 할 수 있습니다.

📝 정렬 기능 추가하기

배열 메서드 sort는 배열을 직접 조작하므로 원래 데이터의 순서를 변화시킵니다. 산출 속성 내부에서는 데이터에 직접적인 영향을 주는 조작을 하면 안 됩니다. 따라서 다음과 같이 배열을 얕은 복사를 해서 사용하거나, Lodash 등의 라이브러리를 사용하기 바랍니다.

`JavaScript`

```javascript
// 원래 list 속성도 함께 변경되어 버림
this.list.sort()
// 요소의 리액티브를 유지하면서 배열 복사하기
this.list.slice(0).sort()
```

이전의 리스트 정렬 기능을 추가해 봅시다.

`HTML`

```html
<button v-on:click="order=!order">변경하기</button>
```

정렬 처리는 matched와 limited 사이에 넣어 주세요.

`JavaScript`

```javascript
data:{
  // ...
  order: false
},
computed: {
  // sorted를 새로 추가하기
  sorted: function() {
    return _.orderBy(this.matched, 'price', this.order ? 'desc' :
'asc')
  },
  // limited에서 사용하는 리스트를 sorted로 변경하기
  limited: function() {
    return this.sorted.slice(0, this.limit)
  }
}
```

order 속성이 변경되면 sorted와 limited를 기반으로 필터링 기능과 정렬이 이루어집니다.

워처로 데이터 감시해서 처리 자동화하기

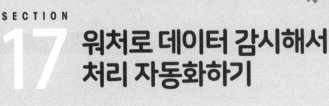

워처(watcher)란, 특정 데이터 또는 산출 속성의 상태를 감시해서 변화가 있을 때 등록한 처리를 자동으로 실행해 주는 것입니다. 따라서 데이터의 변화를 트리거로 하는 훅입니다.

산출 속성과 다르게 워처는 워처 자체가 데이터를 리턴하지 않습니다. 기본적으로 Vue.js를 사용하면, 자연스럽게 데이터 지향(Data Driven) 설계를 하게 되는데요. 워처는 이러한 데이터 지향 설계를 지원하는 기능입니다.

🖊 워처 사용 방법

컴포넌트의 watch 옵션에 감시할 데이터의 이름과 변화가 일어났을 때 호출할 핸들러를 정의합니다. 첫 번째 매개변수로 '새로운 값', 두 번째 매개변수로 '이전 값'이 들어오므로 비교가 필요한 경우 이를 사용합니다.

> JavaScript

```javascript
new Vue({
  // ...
  watch: {
    <감시할 데이터>: function(<새로운 값>, <이전 값>) {
      // value가 변화했을 때 하고 싶은 처리
    },
    'item.value': function(newVal, oldVal) {
      // 객체의 속성도 감시할 수 있음
    }
  }
})
```

워처 정의에는 다음과 같은 옵션을 설정할 수 있습니다.

속성	값	설명
deep	Boolean	네스트된 객체도 감시할지
immediate	Boolean	처음 값을 읽어 들이는 시점에도 호출할지

옵션을 사용하는 경우, 다음과 같이 객체를 지정합니다. handler 속성에 핸들러를 정의하면 됩니다.

```javascript
watch: {
  list: {
    handler: function(newVal, oldVal) {
      // list가 변경될 때 하고 싶은 처리
    },
    deep: true,
    immediate: true
  }
}
```

이와 같은 코드를 사용하면, 다음과 같이 배열 요소 내부의 속성이 변경될 때도 핸들러가 호출됩니다.

```javascript
this.list[0].name = 'NewValue!'
```

◆ 인스턴스 메서드로 등록하기

인스턴스 메서드 this.$watch를 사용하면 워처를 등록할 수 있습니다.

```javascript
created: function() {
  this.$watch('value', function(newVal, oldVal) {
    // ...
  })
}
```

인스턴스 메서드를 사용해서 등록할 때는 watch 옵션을 사용해서 등록할 때와 다르게 다음과 같은 정보를 매개변수로 전달합니다.

▼ 인스턴스 메서드의 매개변수

```
[
  <감시할 데이터>,
  <핸들러>,
  <옵션 객체>
]
```

예를 들어서 다음과 같이 정의합니다.

▼ created 훅에서 워처 등록하기

```
created: function() {
  this.$watch('value', function() {
    // ...
  }, {
    immediate: true
  })
}
```

◆ 워처 제거하기

인스턴스 메서드로 등록한 경우, 리턴 값을 사용해서 감시를 제거할 수 있습니다.

```
var unwatch = this.$watch('value', handler)
unwatch() // value 감시 제거하기
```

📝 한 번만 동작하는 워처

다음과 같이 unwatch를 사용하면 한 번만 동작하는 워처를 정의할 수 있습니다.

JavaScript

```javascript
var unwatch = this.$watch('list', function() {
    // list가 편집되었는지 기록하기
    this.edited = true
    // 감시 제거하기
    unwatch()
}, { deep: true })
```

📝 실행 빈도 제어하기

입력 양식 입력 등으로 값이 자주 변경되는 경우가 있습니다. 이때 비동기 통신 등의 비용이 높은 처리를 계속 호출하면, 성능적으로 여러 가지 문제가 발생할 수 있습니다.

이럴 때는 setTimeout 또는 Lodash 등의 유틸리티 라이브러리를 사용해서 워처의 실행 빈도를 제어합시다.

JavaScript

```javascript
watch: {
  value: _.debounce(function(newVal) {
    // 여기에 비용이 높은 처리를 작성하기
    console.log(newVal)
  },
  // value의 변화가 끝나는 것을 500밀리 초 동안 대기
  500)
}
```

debounce는 메서드를 실행이 최종적으로 종료되고, 지정한 밀리 초가 지났을 때 콜백을 호출하는 Lodash의 메서드입니다.

🖋 여러 값 감시하기

'width 또는 height에 변화가 있을 때'처럼 여러 개의 데이터를 감시하고 싶은 경우, 인스턴스 메서드를 사용해서 감시 대상을 다음과 같이 함수로 등록합니다.

JavaScript

```javascript
this.$watch(function() {
  return [this.width, this.height]
}, function() {
  // width 또는 height이 변화했을 때
})
```

옵션으로 등록하는 경우, 산출 속성을 감시하게 해서 같은 기능을 하도록 만들 수도 있습니다.

JavaScript

```javascript
computed: {
  watchTarget: function() {
    return [this.width, this.height]
  }
},
watch: {
  watchTarget: function() { ... }
}
```

같은 코드를 여러 번 사용하지 말고 이처럼 묶어서 처리하면 유지 보수성이 올라갑니다.

감시 대상이 객체일 경우, 참조로 비교가 일어나므로 oldVal과 newVal이 항상 같아 제대로 된 감시를 할 수 없습니다. 예를 들어서 다음 코드는 배열의 길이를 비교하는 예입니다. 하지만 언제나 같은 값을 가집니다.

▼ 배열 list 속성을 감시해서 비교하기　　　　　　　　　　　　　　　　JavaScript

```javascript
watch: {
  list: function(newVal, oldVal) {
    console.log(newVal.length, oldVal.length)
  }
}
```

다음과 같이 감시 대상을 복사 또는 깊은 복사를 하거나 속성을 포함시켜 두면, 배열의 길이를 비교할 수 있습니다.

▼ 복사 or 깊은 복사하기　　　　　　　　　　　　　　　　　　　　　JavaScript

```javascript
this.$watch(function() {
  return Object.assign([], this.list)
}, function(newVal, oldVal) {
  console.log(newVal.length, oldVal.length)
})
```

▼ 대상에 속성 포함시키기　　　　　　　　　　　　　　　　　　　　JavaScript

```javascript
this.$watch(function() {
  return { value:this.list, length:this.list.length }
}, function(newVal, oldVal) {
  console.log(newVal.length, oldVal.length)
})
```

📝 입력 양식을 감시하고 API로 데이터 가져오기

워처를 사용해서 깃허브(GitHub)에서 리포지토리 목록을 가져오는 간단한 애플리케이션을 만들어봅시다. 다음 코드는 토픽 선택 값에 있는 current를 감시하여, 선택 값이 바뀔 때 워처 처리를 하게 합니다.

```html
<div id="app">
  <select v-model="current">
    <option v-for="topic in topics" v-bind:value="topic.value">
      {{ topic.name }}
    </option>
  </select>
  <div v-for="item in list">{{ item.full_name }}</div>
</div>
```

```javascript
new Vue({
  el: '#app',
  data: {
    list: [],
    current: '',
    topics: [
      { value: 'vue', name: 'Vue.js' },
      { value: 'jQuery', name: 'jQuery' }
    ]
  },
  watch: {
    current: function(val) {
      // 깃허브 API에서 토픽 리포지토리 검색하기
      axios.get('https://api.github.com/search/repositories', {
        params: { q: 'topic: ' + val }
      }).then(function(response) {
        this.list = response.data.items
      }.bind(this))
    }
  },
})
```

여러 개의 감시를 조합하면, 다양한 조건을 사용하는 상품 검색 등도 만들 수 있을 것입니다.

필터로 텍스트 변환 처리하기

필터란, 문자 수를 반올림하거나 쉼표를 넣는 등의 텍스트 기반 변환 처리에 특화된 기능입니다. 필터는 로컬 또는 전역에 등록해서 사용합니다. 다만 로컬에 등록한 경우라도 this는 사용하지 않으므로 주의해 주세요.

📝 필터 사용 방법

등록한 필터는 Mustache 또는 v-bind 디렉티브 값 뒤에 파이프(|)로 연결해서 사용합니다.

HTML

```html
<!-- Mustache로 사용하는 경우 -->
{{ <대상 데이터> | <필터 이름> }}
<!-- v-bind로 사용하는 경우 -->
<div v-bind:id="<대상 데이터> | <필터 이름>"></div>
```

filter 메서드의 첫 번째 매개변수에는 data가 전달됩니다.

◆ 로컬 필터

컴포넌트의 filters 옵션에 등록하면, 특정 컴포넌트 내부에서만 사용할 수 있습니다.

JavaScript

```javascript
new Vue({
  el: '#app',
  data: {
    price: 19800
  },
  filters: {
```

▼

```
    localeNum: function(val) {
      return val.toLocaleString()
    }
  }
})
```

이러한 필터는 다음과 같이 쉼표로 구분한 숫자를 리턴해 줍니다.

```
{{ price | localeNum }}원
```

▼ 실제 렌더링 결과

```
19,800원
```

◆ 전역 필터

범용적인 필터는 전역 메서드 Vue.filter를 사용해서 등록합니다. 이렇게 등록한
필터는 모든 컴포넌트에서 사용할 수 있습니다.

```
Vue.filter('localeNum', function(val) {
  return val.toLocaleString()
})
```

🖋 필터에 매개변수 전달하기

추가 매개변수를 전달할 수도 있습니다.

```
{{ message | filter(foo, 100) }}
```

현재 예는 첫 번째 매개변수로 message 속성의 값, 두 번째 매개변수로 foo 속성
의 값, 세 번째 매개변수로는 100이 전달됩니다.

```javascript
filters: {
  filter: function(message, foo, num) {
    console.log(message, foo, num)
  }
}
```

methods 옵션에 등록한 메서드와 this를 적는다는 것 이외의 차이가 없어 보이지만, 텍스트 기반의 변환이라면 필터를 사용하는 것이 훨씬 편리합니다. 왜 편리한지 조금 더 살펴봅시다.

🖌 여러 개의 필터를 연결해서 사용하기

여러 개의 필터를 파이프로 연결하면 메서드 체인처럼 작동합니다.

```html
{{ value | filter1 | filter2 }}
```

위의 예는 filter1의 결과를 매개변수로 사용해서 filter2를 호출하게 됩니다.

▼ 도 단위를 라디안 단위로 변환하는 예

```javascript
filters: {
  // 소수점 이하 두 번째 자리까지 끊는 필터
  round: function(val) {
    return Math.round(val * 100) / 100
  },
  // 도 단위를 라디안 단위로 변환하는 필터
  radian: function(val) {
    return val * Math.PI / 180
  }
}
```

여러 개의 필터를 개별적으로 정의하고 조합하면, 굉장히 다양하게 활용할 수 있습니다.

180도는 {{ 180 | radian | round }} 라디안입니다.

사용자 정의 디렉티브로 데이터를 감시하면서 DOM 조작하기

사용자 정의 디렉티브란, v-bind처럼 디렉티브를 직접 만들 수 있게 해 주는 기능입니다. 기본적으로 요소 또는 속성은 데이터 바인딩으로 조작할 수 있지만, DOM API를 사용하고 싶을 수도 있습니다. 이런 경우에 사용자 정의 디렉티브를 사용하면, 상태를 감시하면서 직접 DOM을 조작할 수 있게 됩니다.

주의해야 하는 점이라면 사용자 정의 디렉티브에서 받게 되는 요소는 $el 또는 $refs와 같은 가상 DOM이 아니므로, 렌더링 최적화가 따로 들어가지 않습니다. 따라서 기본적인 데이터 바인딩만으로 표현할 수 없는 부분에만 사용하기 바랍니다.

🖌 사용자 정의 디렉티브 사용 방법

사용자 정의 디렉티브로 등록할 메서드 이름에 v- 프리픽스를 붙여서 사용합니다.

> HTML

```
<div v-directive>example</div>
```

다음과 같이 사용자 정의 디렉티브의 트리거가 될 데이터를 바인딩할 수도 있습니다.

> HTML

```
<!-- value가 변화할 때 호출됨 -->
<div v-directive="value">example</div>
```

◆ 로컬에 등록하기

컴포넌트의 directives 옵션에 등록하면, 특정 컴포넌트 내부에서만 사용할 수 있게 됩니다.

```javascript
new Vue({
  el: '#app',
  directives: {
    focus: {
      // 연결되어 있는 요소가 DOM에 추가될 때
      inserted: function(el) {
        el.focus() // 요소에 초점을 맞춤
      }
    }
  }
})
```

이 예에서는 input 요소가 렌더링될 때 자동으로 초점을 맞춥니다.

```html
<input v-focus>
```

◆ 전역에 등록하기

전역 메서드 Vue.directive 메서드를 사용해서 전역에 등록하면, 모든 컴포넌트
에서 사용할 수 있습니다.

```javascript
Vue.directive('focus', {
  inserted: function(el) {
    el.focus()
  }
})
```

🖊 사용할 수 있는 훅

사용자 정의 디렉티브는 옵션으로 다음과 같은 훅을 사용할 수 있습니다.

메서드 이름	시점
bind	디렉티브가 처음 요소와 연결될 때
inserted	연결된 요소가 부모 Node에 삽입될 때
update	연결된 요소를 내포하고 있는 컴포넌트의 VNode가 변경되었을 때
componentUpdated	내포하고 있는 컴포넌트와 자식 컴포넌트의 VNode가 변경되었을 때
unbind	연결되어 있는 요소로부터 디렉티브가 제거될 때

모두 사용해 보면 다음과 같이 됩니다.

JavaScript

```javascript
Vue.directive('example', {
  bind: function(el, binding) {
    console.log('v-example bind')
  },
  inserted: function(el, binding) {
    console.log('v-example inserted')
  },
  update: function(el, binding) {
    console.log('v-example update')
  },
  componentUpdated: function(el, binding) {
    console.log('v-example componentUpdated')
  },
  unbind: function(el, binding) {
    console.log('v-example unbind')
  }
})
```

update 또는 componentUpdated는 컴포넌트의 가상 DOM이 변경될 때 호출됩니다. 간단하게 워처에서 사용한다고 해도 데이터 바인딩되지 않은 경우라면 데이터가 변화해도 호출되지 않습니다.

◆ 훅 매개변수

각각의 훅에는 다음과 같은 매개변수를 전달할 수 있습니다.

매개변수	내용
el	디렉티브가 연결되어 있는 요소
binding	바인드된 값, 매개변수, 장식자가 들어 있는 객체
vnode	요소에 대응되는 VNode
oldVnode	변경 이전의 VNode(update 또는 componentUpdated에서만 사용 가능)

vnode를 사용하면 호출한 컴포넌트를 참조할 수 있지만, VNode를 조작하는 것은 초급 수준을 벗어나는 내용이므로 이 책에서는 다루지 않습니다. 공식 가이드의 가상 DOM 부분을 참고하기 바랍니다.

◆ 훅 매개변수 생략 기법

두 번째 매개변수에 함수를 전달하면, bind와 update에 훅을 실시하게 됩니다.

`JavaScript`

```javascript
Vue.directive('example', function(el, binding, vnode, oldVnode) {
  // bind와 update로 호출됨
})
```

🎞 동영상 재생 조작 예

다음 사용자 정의 디렉티브는 적용한 <video> 요소의 재생과 정지를 조작하게 해 줍니다.

`HTML`

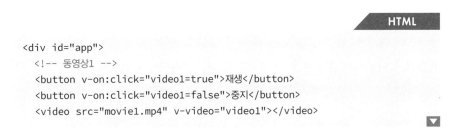

```html
<div id="app">
  <!-- 동영상1 -->
  <button v-on:click="video1=true">재생</button>
  <button v-on:click="video1=false">중지</button>
  <video src="movie1.mp4" v-video="video1"></video>
```

```
    <!-- 동영상2 -->
    <button v-on:click="video2=true">재생</button>
    <button v-on:click="video2=false">중지</button>
    <video src="movie2.mp4" v-video="video2"></video>
  </div>
```

▼ 동영상 재생 조작하기

JavaScript

```
new Vue({
  el: '#app',
  data: {
    video1: false,
    video2: false
  },
  directives: {
    video(el, binding) {
      binding.value ? el.play() : el.pause()
    }
  }
})
```

update 혹은 바인드하고 있는 속성의 변화뿐만 아니라, 해당 요소를 포함하고 있는 컴포넌트의 가상 DOM에 변화가 있을 때도 호출됩니다.

따라서 video1 속성이 변화하면 데이터 변화도 발생하므로, 컴포넌트가 다시 렌더링되어 video2 속성을 바인드하고 있는 요소의 디렉티브도 함께 호출됩니다.

만약 내부적으로 복잡한 처리를 하고 있다면 이는 매우 비효율적입니다. 그럼 이어서 이를 개선하는 방법에 대해서 살펴봅시다!

📝 이전 상태와 비교해서 처리하기

메서드의 매개변수로 이전 VNode와 이전 바인드 데이터를 받을 수 있습니다. 이를 사용해서 이전 데이터와 현재 데이터를 비교하면, 자신이 바인드하고 있는 데이터가 변경되었다고 판단될 경우에만 렌더링하도록 만들 수 있습니다.

두 번째 매개변수 binding은 다음과 같은 속성을 갖고 있는 객체입니다.

속성	설명
arg	매개변수
modifiers	장식자 객체
value	새로운 값
oldValue	이전 값(update 또는 componentUpdated에서만 사용 가능)

이전 바인드 데이터 oldValue 속성을 가지고 있으므로, 이를 사용해서 비교하면 됩니다.

이전의 '동영상 재생 조작하기' 코드를 다음과 같이 수정합니다.

JavaScript

```javascript
directives: {
  video(el, binding) {
    if (binding.value !== binding.oldValue) {
      binding.value ? el.play() : el.pause()
    }
  }
}
```

이렇게 작성하면 관계없는 호출 때는 별도의 처리를 하지 않게 됩니다.

nextTick으로 변경 후 DOM에 접근하기

데이터를 변경하면 사람의 눈에는 순식간에 DOM이 변경되는 것처럼 보이지만, 실제로는 내부적으로 가상 DOM이 비동기적으로 DOM을 변경하는 형태라서 매우 짧은 랙이 발생합니다. 따라서 데이터를 변경하고 바로 DOM에 접근해도 이때는 아직 변경이 일어나기 전의 상태만 확인할 수 있습니다.

반영된 DOM에 접근하려면 DOM 변경을 잠시 기다리기 위한 기능으로 제공되는 nextTick을 사용해야 합니다.

✍️ nextTick의 사용 방법

DOM이 변경된 후에 하고 싶은 처리를 전역 메서드 Vue.nextTick의 콜백 함수로 정의합니다. 동일한 기능을 가진 인스턴스 메서드 this.$nextTick도 사용할 수 있습니다. 인스턴스 메서드는 콜백 함수 내부에서도 인스턴스의 스코프를 유지할 수 있으므로, this를 사용하고 싶은 경우에는 이를 사용하는 것이 좋습니다.

`JavaScript`

```javascript
this.$nextTick(function() {
    // DOM 변경 후에 하고 싶은 처리 지정하기
})
```

이렇게 하면 콜백 함수 내부의 처리를 DOM 변경 후에 실시하도록 예약할 수 있습니다.

✍️ 변경 후의 DOM 높이 확인하기

예를 들어 가변 리스트를 감싸고 있는 요소의 높이를 확인하고 싶다고 합시다. 리스트 요소 수가 변화해도, 화면 위의 실제 위치와 높이는 DOM에 접근하지 않는 이상 확인할 수 없습니다.

이때가 바로 nextTick을 사용할 때입니다.

JavaScript

```
<button v-on:click="list.push(list.length+1)">추가</button>
<ul ref="list">
  <li v-for="item in list">{{ item }}</li>
</ul>
```

JavaScript

```
new Vue({
  el: '#app',
  data: {
    list:[]
  },
  watch: {
    list: function() {
      // 이렇게 해서는 변경 후 ul 태그의 높이를 추출할 수 없음
      console.log('기본 출력:', this.$refs.list.offsetHeight)
      // nextTick을 사용하면 할 수 있어요!
      this.$nextTick(function() {
        console.log('nextTick:', this.$refs.list.offsetHeight)
      })
    }
  }
})
```

다만 주의할 것이 있습니다. 예를 들어 웹 폰트 또는 이미지가 포함된 경우에는 이러한 로드는 대기하지 않습니다. 이미지 로드를 가진 콜백 함수 내부에서 nextTick을 사용하거나, 이미지의 대략적인 높이를 지정하는 형태로 사용해야 합니다. 워처와 nextTick을 사용한 높이 애니메이션은 지원 페이지의 튜토리얼을 참고하기 바랍니다.

CHAPTER **5**

컴포넌트로
UI 부품 만들기

컴포넌트란?

웹 사이트와 애플리케이션의 화면은 헤더 또는 메뉴라는 기능을 가진 UI 부품이 모여 구성됩니다. 큰 애플리케이션은 소스 코드가 복잡해지기 쉽습니다. 소스 코드가 복잡해지면 자바스크립트와 HTML이 어떻게 구성되어 연결되는지 찾기 힘들어집니다.

Vue.js의 강력한 기능 중의 하나는 **컴포넌트**입니다. 기능을 가진 UI 부품별로 템플릿과 자바스크립트를 세트로 묶어, 다른 UI 부품과 분리해서 개발하거나 관리할 수 있게 하는 방법입니다.

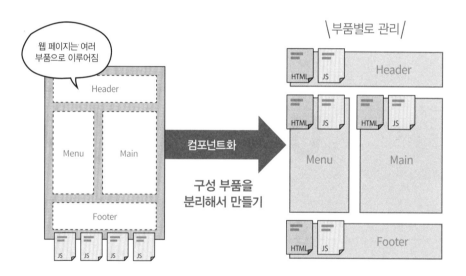

세트로 묶어서 분리하면 필요한 코드를 곧바로 찾을 수 있으며, 유지 보수하기도 쉬워집니다.

컴포넌트는 설계도

컴포넌트란 UI 부품, 간단하게 말하면 '기능을 가지고 있는 HTML 요소의 설계도'입니다. 외관뿐만 아니라 어떤 속성을 가지고 있는지, 어떤 액션을 하는지를 모두 정의할 수 있습니다. 설계도를 기반으로 만들어진 실체는 '인스턴스'라고 부릅니다.

인스턴스는 같은 설계도를 기반으로 만들었으므로 기본적인 기능이 모두 같습니다. 하지만 속성의 내용을 조금 다르게 하는 등의 개별적인 변경을 할 수 있습니다.

컴포넌트 재사용

예를 들어서 EC 사이트 등의 상품 목록 요소로 사용되는 UI 부품은 '새 상품'과 '추천 상품'과 같은 여러 상황에 사용됩니다. 사양이 같은 것을 모두 별도로 만들어버리면, 이후에 기능 추가 또는 사양 변경이 있을 때 모든 부분을 수정해야 합니다.

이는 예상 이상으로 비용이 많이 드는 작업이므로 일부를 변경하지 않는 기본적인 실수도 굉장히 많이 일어납니다.

컴포넌트를 별도의 UI 부품으로 분리해 두면 재사용이 굉장히 쉬워집니다. 공통 컴포넌트를 사용하면 한 위치만 수정해도 모든 상황에 이를 반영할 수 있습니다.

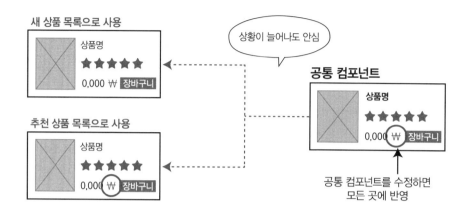

'기능은 같지만 레이아웃을 조금 다르게 만들고 싶다'는 경우에도 외관만 조금 다르게 만들 수 있습니다. 추가로 단독 사용해 보거나, 다른 컴포넌트로 변경해 보는 등 다양하게 활용해 볼 수도 있습니다.

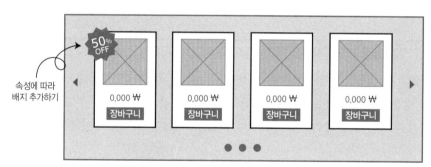

개별적인 컴포넌트 부품으로 네스트해서 사용할 수도 있음

범용성을 높게 만들려면 그만큼 컴포넌트의 구현이 복잡해질 수 있습니다. Vue.js는 이를 조금이라도 단순하게 만들 수 있도록 여러 가지 기능을 제공해 줍니다.

컴포넌트 정의 방법

그럼 실제로 간단한 컴포넌트를 만들어 봅시다. 컴포넌트는 전역 또는 로컬에 등록한 뒤, 사용자 정의 태그로 사용할 수 있습니다.

📝 컴포넌트 등록

Vue.component 메서드를 사용해서 전역에 등록하면 자동으로 모든 컴포넌트에서 사용할 수 있습니다. 메서드의 매개변수로 다음과 같은 정보가 전달됩니다.

❶ 사용자 정의 태그로 사용할 이름
❷ 컴포넌트의 옵션 객체

▼ 컴포넌트 정의하기   `JavaScript`

```javascript
Vue.component('my-component', {
  template: '<p>MyComponent</p>'
})
```

등록한 컴포넌트를 사용하려면 부모가 되는 컴포넌트의 템플릿에 사용자 정의 태그(컴포넌트 태그)를 작성합니다.

▼ 컴포넌트 사용하기   `HTML`

```html
<div id="app">
  <my-component></my-component>
</div>
```

▼ 실제로 렌더링된 모습   `HTML`

```html
<div id="app">
  <p>MyComponent</p>
</div>
```

'부모 컴포넌트에 작성한 사용자 정의 태그 부분'이 단순하게 '자식 컴포넌트 템플릿'으로 변경된 것을 알 수 있을 것입니다.

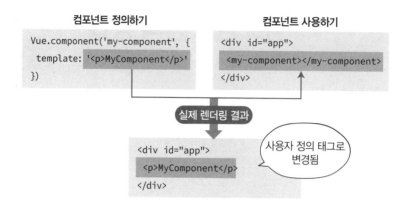

◆ 로컬에 등록하기

컴포넌트 정의를 특정 컴포넌트의 components 옵션에 등록하면, 로컬로 등록된 해당 컴포넌트 스코프 내부에서만 해당 컴포넌트를 사용할 수 있도록 제한할 수 있습니다.

```javascript
// 컴포넌트 정의하기
var myComponent = {
  template: '<p>MyComponent</p>'
}
new Vue({
  el: '#app',
  components: {
    // <my-component>가 루트에서만 사용할 수 있게 됨
    // ❶ 왼쪽 변은 케밥 케이스 이외로도 사용 가능
    'my-component': myComponent
  }
})
```

사용자 정의 태그 이름이 되는 ❶ 부분은 카멜 케이스와 파스칼 케이스도 사용할 수 있습니다. 하지만 템플릿 내부에서는 케밥 케이스(<my-component>) 형태로 사용

해야 합니다. 이와 관련된 자세한 내용은 이후의 '템플릿 정의 방법' 부분에서 자세하게 설명하겠습니다.

아이콘처럼 극단적으로 범용성이 높은 것이 아니라면, 사용자 정의 태그 이름 충돌을 막을 수 있게 로컬에 등록할 것을 추천합니다.

POINT 컴포넌트를 정의하는 타이밍

컴포넌트는 루트 인스턴스가 생성되기 전에 정의해야 합니다. 따라서 new Vue()하기 전에 정의해 주세요.

컴포넌트의 옵션

루트 생성자 new Vue()의 옵션과 마찬가지로 컴포넌트 전용 템플릿 이외에 데이터와 메서드도 정의할 수 있습니다.

JavaScript

```javascript
Vue.component('my-component', {
  // 템플릿
  template: '<p>{{ message }}</p>',
  // 데이터는 객체를 리턴하는 함수로 지정하기
  data: function() {
    return {
      message: 'Hello Vue.js'
    }
  },
  methods: {
    // 메서드, 산출 속성, 워처의 정의 방법은
    // 루트 생성자 객체와 같음
  }
})
```

◆ data는 함수여야 함

컴포넌트의 옵션은 루트 생성자의 옵션과 거의 비슷합니다. 다만 한 가지 큰 차이가 있는데요. 바로 데이터는 객체를 리턴하는 함수로 정의해야 한다는 것입니다.

```javascript
data:function() {
  return {
    message: 'Hello Vue.js'
  }
}
```

이는 여러 개의 컴포넌트 인스턴스들이 같은 객체를 참조해서 상태가 공유되는 것을 회피하기 위함입니다.

◆ 루트 요소는 하나여야 함

템플릿의 루트 요소는 반드시 하나여야 합니다.

```javascript
// span이 두 개이므로 안 됨!
template: '<span>Hello</span><span>Vue.js!</span>'
```

여러 개의 요소가 있는 경우, 전체를 다른 어떤 요소로 감싸주세요.

```javascript
template: '<div><span>Hello</span><span>Vue.js!</span></div>'
```

참고로 #app의 템플릿도 내부에 여러 개의 요소가 배치되는 것처럼 보일 수 있지만, 루트 인스턴스의 루트 요소는 #app이 되므로 실제로는 루트가 하나인 것입니다.

🖋 컴포넌트 인스턴스

다음과 같이 같은 컴포넌트를 여러 번 사용했을 경우, 이러한 것들은 my-component 를 기반으로 만들어진 완전히 다른 인스턴스로 취급됩니다.

```
<div id="app">
  <my-component></my-component>
  <my-component></my-component>
</div>
```

현재는 별도의 고유 속성을 가지고 있지 않으므로 두 가지가 완전히 같은 동작을 합니다. 이러한 컴포넌트에 어떤 속성을 갖게 하는 등의 과정은 이어지는 '컴포넌트끼리의 통신'(144쪽) 부분에서 설명하겠습니다.

23 컴포넌트끼리의 통신

컴포넌트 인스턴스는 각각 스코프를 가지고 있습니다. 스코프란, 영향을 미칠 수 있는 범위를 나타냅니다. 간단하게 정의한 데이터, 메서드, 템플릿이 스코프라고 할 수 있는 것들입니다. 스코프 내부의 데이터와 메서드는 다음과 같이 this를 사용해서 접근할 수 있습니다.

JavaScript

```javascript
this.message  // 스코프 내부의 데이터
this.update() // 스코프 내부의 메서드
```

스코프는 실수로 다른 기능에 영향을 미치지 않게 하기 위한 것으로, 다른 컴포넌트에 있는 데이터와 메서드에 직접 접근할 수 없게 합니다.

이 컴포넌트끼리 데이터를 공유하거나 연동하려면, 다음과 같은 방법을 사용해야 합니다.

❶ props와 사용자 정의 이벤트를 사용해서 부모 자식끼리 통신하기
❷ 부모 자식 관계가 아닌 경우 이벤트 버스를 사용해서 통신하기
❸ Vuex를 사용한 상태 관리

이번 절에서는 ❶과 ❷의 props와 사용자 정의 이벤트를 사용하는 방법을 설명합니다. ❸의 상태 관리는 8장에서 자세하게 설명합니다.

🐾 부모 자식 컴포넌트

템플릿에서 다른 컴포넌트를 사용하면 부모 자식 관계가 만들어집니다.

▼ 'comp-child'는 'my-component'의 자식 컴포넌트

```javascript
Vue.component('my-component', {
  template: '<p><comp-child></comp-child></p>'
})
```

다음과 같이 루트 인스턴스를 부모로 지정하는 경우가 있는데요. 이러한 경우에도 루트 컴포넌트를 '부모 컴포넌트'라고 부릅니다.

▼ 'comp-child'는 루트의 자식 컴포넌트

```html
<div id="app">
  <comp-child></comp-child>
</div>
```

comp-child 컴포넌트의 템플릿에서 추가적으로 다른 컴포넌트를 사용할 수도 있습니다. 이렇게 네스트된 컴포넌트는 DOM처럼 트리 구조를 갖게 됩니다.

✍ 부모 자식끼리의 데이터 흐름

부모 자식끼리 데이터를 주고받는 것은 'props'와 '사용자 정의 이벤트'를 사용해서 의존성이 최대한 적은 인터페이스를 만듭니다.

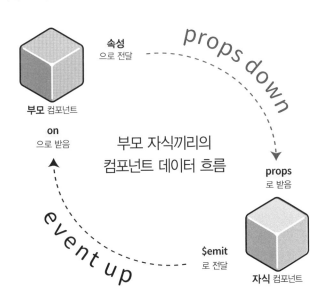

Vue.js의 기능은 직감적으로 사용할 수 있는 경우가 대부분이지만, 컴포넌트끼리의 통신은 처음 보면 조금 이해하기 힘들 수 있습니다. 그래도 한 번 이해해 두면 쉽게 사용할 수 있을 것입니다.

📝 부모에서 자식으로

부모 컴포넌트의 템플릿에서 자식 컴포넌트를 사용할 때, 속성으로 컴포넌트에 데이터를 가지도록 할 수 있습니다.

▼ 부모 측의 템플릿 `HTML`

```html
<comp-child val="자식A"></comp-child>
<comp-child val="자식B"></comp-child>
```

현재 코드에서는 val이라는 속성으로 단순한 문자열을 가지게 했습니다. 이러한 속성은 매개변수처럼 자유롭게 입력하고 사용할 수 있습니다.

자식 컴포넌트에서 props 옵션으로 받을 속성 이름을 지정합니다. 부모에서 정의한 속성을 자식이 props로 받아서 자신의 데이터처럼 사용할 수 있습니다.

▼ 자식 컴포넌트 `JavaScript`

```javascript
Vue.component('comp-child', {
  // 템플릿에서 val 사용하기
  template: '<p>{{ val }}</p>',
  // 받을 속성 이름 지정하기
  props: ['val']
})
```

▼ 실제 렌더링 결과 `HTML`

```html
<p>자식A</p>
<p>자식B</p>
```

이렇게 하면 인스턴스별로 다른 텍스트를 출력할 수 있습니다.

◆ 컴포넌트에 리액티브 데이터 전달하기

데이터 바인딩을 사용하면, 부모 컴포넌트가 가지고 있는 데이터를 자식 컴포넌트에 전달할 수 있습니다.

▼ 부모 쪽의 템플릿

```html
<comp-child v-bind:val="message" class="item"></comp-child>
```

지금까지 설명한 '속성을 사용한 데이터 전달'은 다음 그림의 'props down'이라는 데이터 흐름으로, 화살표가 나타내는 것처럼 단방향입니다.

단방향이므로 props를 사용해서 자식 쪽에서 부모 쪽으로 데이터를 전달할 수는 없습니다.

◆ 컴포넌트에 속성 부여하기

다음 코드는 컴포넌트를 정의할 때 루트 태그에 id 속성과 class 속성을 지정했고, 이를 사용할 때 같은 속성을 다른 값으로 지정했습니다.

이러한 경우 사용할 때 지정한 속성으로 덮어쓰며, 여러 개의 값이 설정 가능한 class 속성 등은 합쳐집니다.

```javascript
Vue.component('comp-child', {
  template: '<p id="child" class="child">ChildComponent</p>'
})
```

▼ 컴포넌트의 사용자 정의 태그

```html
<comp-child id="parent" class="parent"></comp-child>
```

현재 코드를 보면 '컴포넌트의 루트 태그'와 '사용자 정의 태그'에서 여러 가지 속성을 같은 이름으로 작성했는데요. 다음과 같이 렌더링됩니다.

▼ 실제 렌더링 결과

```html
<p id="parent" class="child parent">ChildComponent</p>
```

◆ 컴포넌트를 리스트 렌더링하기

컴포넌트에 v-for 디렉티브를 사용할 수도 있습니다. 다음과 같이 name과 hp 속성을 전달받는 컴포넌트를 작성해 봅시다.

▼ 자식 컴포넌트

```javascript
Vue.component('comp-child', {
  template: '<li>{{ name }} HP.{{ hp }}</li>',
  props:['name', 'hp']
})
```

부모 컴포넌트에서는 리스트를 반복해서 렌더링하며, name과 hp 속성을 자식 컴포넌트에 전달합니다.

▼ 부모 컴포넌트   **HTML**

```html
<ul>
  <comp-child v-for="item in list"
    v-bind:key="item.id"
    v-bind:name="item.name"
    v-bind:hp="item.hp"></comp-child>
</ul>
```

▼ 부모 컴포넌트   **JavaScript**

```javascript
new Vue({
  el: '#app',
  data: {
    list: [
      { id: 1, name: '슬라임', hp: 100 },
      { id: 2, name: '고블린', hp: 200 },
      { id: 3, name: '드래곤', hp: 500 }
    ]
  }
})
```

실제로 렌더링하면 리스트의 요소가 컴포넌트의 속성으로 사용된다는 것을 알 수 있습니다.

▼ 실제 렌더링 결과   **HTML**

```html
<ul>
  <li>슬라임 HP.100</li>
  <li>고블린 HP.200</li>
  <li>드래곤 HP.500</li>
</ul>
```

◆ props로 전달받은 데이터는 마음대로 변경하면 안 됨!

props는 리액티브 상태이므로 부모 쪽에서 데이터를 변경하면 자식 쪽의 상태도 변경됩니다. 메서드 내부에서는 this를 사용해서 자기 자신의 데이터처럼 사용할 수 있습니다.

```javascript
Vue.component('comp-child', {
  template: '<li>{{ name }} HP.{{ hp }}\
    <button v-on:click="doAttack">공격하기</button></li>',
  props: ['name', 'hp'],
  methods: {
    doAttack: function() {
      // 공격하기
      this.hp -= 10 // -> [Vue warn] error!
    }
  }
})
```

하지만 이때 props.hp 속성은 부모 컴포넌트에서 잠시 빌린 것이므로, 자식 컴포넌트 쪽에서 값을 마음대로 변경하면 안됩니다.

만약 자식 컴포넌트에서 데이터 변경을 추가하고 싶은 경우는 산출 속성을 사용해서 새로운 데이터를 생성해야 합니다. 원래 데이터 자체를 변경해야 하는 경우, 이후의 '자식에서 부모로'(152쪽)라는 절에서 설명하는 $emit을 사용해서 부모에 액션을 일으켜 부모 쪽에서 변경해 주세요.

◆ props로 받을 자료형 지정하기

props로 받을 자료형을 지정하는 것이 좋습니다. 지정한 자료형 이외의 값이 들어올 경우, 경고도 출력되므로 문제가 발생했을 경우 쉽게 찾을 수 있습니다.

```javascript
Vue.component('comp-child', {
  props: {
    val: String // 문자열 자료형의 데이터만 허가하기
  }
})
```

props는 받을 자료형 이외에도 디폴트 값 지정도 할 수 있고, 필수 항목으로 지정하거나 조건을 만족시키지 않을 경우에는 경고를 출력하게 할 수도 있습니다. 이는 여러 사람이 함께 개발하거나, 작성자 이외의 사람이 해당 컴포넌트를 사용할 때 굉장히

큰 역할을 합니다.

예를 들어서 다음과 같은 코드를 생각해 봅시다. 숫자 덧셈을 하는 코드를 작성했는데, 피연산자 중 하나로 문자열이 들어온다면 문제가 발생합니다. 하지만 문법적으로 당연한 것이므로 오류가 발생하지는 않습니다. 그저 우리가 생각한 대로 동작하지 않을 뿐입니다(논리적 오류 발생).

```javascript
'1' + 1 // -> 11 :String
```

따라서 **props**를 사용해서 허용 범위를 최대한 줄여서 정의하는 것이 바람직합니다.

```javascript
// 다음 props 샘플은 Vue.js 공식 가이드에서 인용한 것임
Vue.component('example', {
  props: {
    // 기본적인 자료형 확인(`null`은 어떤 자료형에서도 받을 수 있음)
    propA: Number,
    // 여러 개의 자료형을 지정할 수도 있음
    propB: [String, Number],
    // 필수 문자열
    propC: {
      type: String,
      required: true
    },
    // 디폴트 값
    propD: {
      type: Number,
      default: 100
    },
    // 객체와 배열의 디폴트 값
    // 팩토리 함수를 사용해서 리턴하는 형태를 사용
    propE: {
      type: Object,
      default: function() {
        return { message: 'hello' }
      }
    },
    // 사용자 정의 유효성 검사 함수
```

▼

```
    propF: {
      validator: function(value) {
        return value > 10
      }
    }
  }
})
```

객체를 전달할 때도 내용을 확인하는 것이 좋습니다. 하나의 **validator**로 확인하게 코드를 작성하면 가독성이 떨어질 수 있으므로, 가능한 별개의 속성으로 만들어서 체크하는 것이 좋습니다. 속성에 객체 바인딩(48쪽 참고)을 사용하면, 템플릿을 간단 하게 작성할 수 있습니다.

HTML

```
<comp-child v-bind="object"></comp-child>
```

🖋 자식에서 부모로

자식 컴포넌트의 상태에 따라서 부모 컴포넌트에서 어떤 액션을 실시하도록 처리하 거나, 자식 컴포넌트가 가진 데이터를 부모 컴포넌트에 전달하고 싶을 때는 **사용자 정의 이벤트**와 **$emit**이라는 인스턴스 메서드를 사용합니다.

자식에서 부모는 다음 그림과 같은 event up이라는 데이터 흐름을 갖습니다.

사용자 정의 이벤트는 v-on:click처럼 훅을 할 수 있게 하는 이벤트 타입을 직접 만든 것입니다. jQuery의 on과 비슷합니다.

$emit은 컴포넌트에 연결되어 있는 이벤트를 명시적으로 실행시키는 메서드입니다. jQuery의 `trigger`와 비슷합니다.

◆ 자식 이벤트를 부모에서 잡기

일단 부모에서 자식 사용자 정의 태그를 작성할 때 v-on 디렉티브(@는 생략 가능)로 이벤트를 핸들합니다. 다음 코드는 childs-event라는 이름의 이벤트를 핸들했습니다.

▼ 부모 측의 템플릿   **HTML**

```html
<comp-child v-on:childs-event="parentsMethod"></comp-child>
```

자식은 적당한 시점에서 $emit을 사용해서 자신의 이벤트인 childs-event를 실행합니다. 이때 $emit의 두 번째 이후의 매개변수로 임의의 데이터를 지정할 수 있습니다.

▼ 자식이 자신의 이벤트 실행하기   **JavaScript**

```javascript
Vue.component('comp-child', {
  template: '<button v-on:click="handleClick">이벤트 호출하기</button>',
  methods: {
    // 버튼 클릭 이벤트 핸들러에서 childs-event 호출하기
    handleClick: function() {
      this.$emit('childs-event')
    }
  }
})
```

부모는 자식 이벤트를 통지받아 미리 등록한 핸들러를 호출합니다.

JavaScript

```javascript
new Vue({
  el: '#app',
  methods: {
    // childs-event가 호출된 경우
    parentsMethod: function() {
      alert('이벤트를 받았습니다!')
    }
  }
})
```

자식 컴포넌트의 버튼을 클릭하면 부모 컴포넌트에서 등록한 핸들러가 호출되어 다음과 같이 경고가 출력됩니다.

▼ 실제 화면의 모습

◆ 부모가 가진 데이터 조작하기

'부모에서 자식으로' 절에서 props를 마음대로 변경해서 오류가 발생했던 코드를 $emit과 사용자 정의 이벤트를 사용해서 수정해 봅시다.

▼ 부모의 템플릿

HTML

```html
<ul>
  <comp-child v-for="item in list"
    v-bind:key="item.id" v-bind="item"
    v-on:attack="handleAttack"></comp-child>
</ul>
```

이번에는 요소의 ID도 props로 받고, $emit의 매개변수로 전달해 봅시다. 원래 부모는 ID를 알고 있기 때문에 인라인 메서드 핸들러로 부모 쪽에서 지정해도 상관없습니다. 어떤 방법을 사용해도 큰 문제가 없다는 말입니다.

```javascript
Vue.component('comp-child', {
  template:'<li>{{ name }} HP.{{ hp }}\
    <button v-on:click="doAttack">공격하기</button></li>',
  props: { id:Number, name:String, hp:Number },
  methods: {
    // 버튼 클릭 이벤트 핸들러에서 $emit으로 attack 호출하기
    doAttack: function() {
      // 매개변수로 자신이 가진 ID 전달하기
      this.$emit('attack', this.id)
    }
  }
})
```

부모 컴포넌트에서는 이벤트를 통해 받은 ID로 자신이 가진 데이터를 변경합니다.

```javascript
new Vue({
  el: '#app',
  data: {
    list: [
      { id: 1, name: '슬라임', hp: 100 },
      { id: 2, name: '고블린', hp: 200 },
      { id: 3, name: '드래곤', hp: 500 }
    ]
  },
  methods: {
    // attack이 발생한 경우
    handleAttack: function(id) {
      //매개변수 ID로 요소 검색하기
      var item = this.list.find(function(el) {
        return el.id === id
      })
      // HP가 0보다 많을 때는 10씩 줄임
      if (item !== undefined && item.hp > 0) item.hp -= 10
    }
  }
})
```

이렇게 하면 자식 컴포넌트에 배치한 버튼으로 HP를 줄일 수 있습니다.

※ find 메서드는 ES2015 사용에서 추가된 것으로, 일부 웹 브라우저에서는 사용할 수 없습니다.
　상황에 따라서 Lodash 등을 함께 사용해 주세요.

◆ 사용자 정의 태그의 이벤트 핸들링

다음과 같이 DOM 이벤트를 지정할 수 있을 것이라고 생각해서 코드를 작성하는 경우가 있습니다. 하지만 이는 컴포넌트 쪽에서 click을 $emit하기 전에는 이벤트 핸들러가 호출되지 않습니다.

HTML

```html
<my-icon v-on:click="handleClick"></my-icon>
```

내장되어 있는 DOM 이벤트를 호출하고 싶을 경우에는 .native 장식자를 사용합니다.

HTML

```html
<my-icon v-on:click.native="handleClick"></my-icon>
```

<router-link> 등의 내장 컴포넌트에도 사용할 수 있습니다.

COLUMN ＞ **$emit로 전달된 데이터의 변화**

원래 자식이 가지고 있던 데이터를 이벤트의 매개변수로 받고 이를 부모의 데이터에 곧바로 할당하면, 프리미티브 자료형 데이터의 경우는 단순히 값이 복사됩니다. 리액티브가 제거되므로 전달된 후의 변화에 반응할 수 없습니다.

객체 자료형은 그대로 할당해도 참조가 복사됩니다. 참조를 전달한 경우에는 스코프 밖에서 데이터를 실수로 변경해도 경고가 발생하지 않습니다. 자식 데이터를 매개변수로 전달받아 부모 데이터로 복사할 경우에는 값 복사해 주세요.

사실 데이터를 복사해야만 하는 상황이 그렇게 많지는 않습니다. 복사를 하다보면 실시간성을 제대로 활용할 수 없으므로, 사용자가 처리를 취소했을 경우 백업할 수 있게 하기 위한 용도 정도로만 사용하는 것이 좋습니다.

🖋 부모 자식 컴포넌트가 아닌 경우

부모 자식 컴포넌트가 아닌 컴포넌트들끼리 데이터를 전달할 경우, 'this를 사용한 props'와 '사용자 정의 이벤트'로 데이터를 주고받을 수 없습니다. 이러한 경우에는 Vue 인스턴스의 이벤트 버스라는 기능을 사용합니다.

JavaScript

```javascript
// 이벤트 버스 전용 인스턴스 만들기
var bus = new Vue()
```

JavaScript

```javascript
// 컴포넌트A의 메서드에서
bus.$emit('bus-event')
```

JavaScript

```javascript
// 컴포넌트B의 created 훅에서
bus.$on('bus-event', function() {
  // bus-event 이벤트가 발생할 때 처리
  // 익명 함수 내부의 this는 bus 인스턴스
})
```

이벤트 버스에 데이터를 가지게 하면, 상태를 공유할 수도 있습니다.

JavaScript

```javascript
var bus = new Vue({
  data: {
    count: 0
  }
})
Vue.component('component-b', {
  template: '<p>bus: {{ bus.count }}</p>',
  computed: {
    // bus 데이터를 산출 속성에서 사용하기
    bus: function() { return bus.$data }
  },
```

▼

```
  created: function() {
    bus.$on('bus-event', function() {
      this.count++
    })
  }
})
```

'이걸 활용하면 쉽게 상태 관리를 할 수도 있겠다'라는 생각이 들겠지만, 많이 사용하면 인스턴스와 이벤트가 섞여서 코드가 굉장히 복잡해집니다. 따라서 복잡한 상태 관리를 해야 하는 경우는 8장에서 설명하는 Vuex를 사용하기 바랍니다.

📝 자식 컴포넌트를 참조하는 '$refs'

자식 컴포넌트는 일반적으로 props와 워처를 사용하여 스스로 무엇을 해야 하는지 판단합니다. 하지만 경우에 따라서는 부모에서 자식의 메서드 또는 이벤트를 호출하고 싶은 경우도 있습니다. 이러한 경우에는 ref 속성을 사용합니다.

HTML

```
<comp-child ref="child">
```

▼ 부모 메서드 내부에서   **JavaScript**

```
// 자식 컴포넌트의 이벤트 호출하기
this.$refs.child.$emit('open')
```

부모가 v-on을 사용해서 이벤트를 핸들하는 것처럼, 자식은 인스턴스 메서드 $on을 사용해서 자기 자신의 이벤트를 핸들할 수 있습니다.

▼ 자식의 'created' 훅으로   **JavaScript**

```
created: function() {
  // 자기 자신의 이벤트
  this.$on('open', function() {
    // ...
  })
}
```

📝 컴포넌트 속성의 스코프

컴포넌트의 속성 값에 해당하는 부분은 부모의 스코프가 됩니다.

```
<comp-child v-on:childs-event="<부모의 메서드>">
```

```
<comp-child v-on:childs-event="parentsMethod(<부모의 데이터>)">
```

자식 컴포넌트가 매개변수를 지정해서 $emit을 실행하면, 자식 컴포넌트에서 전달된 매개변수는 $event로 접근할 수 있습니다.

▼ 부모와 자식끼리 데이터 주고받기

```
<comp-child v-on:childs-event="parentsMethod($event, parentsData)">
```

```javascript
new Vue({
  el: '#app',
  data: {
    parentsData: '<부모의 데이터>'
  },
  methods: {
    parentsMethod: function(childsArg, parentsArg) {
      // ...
    }
  }
})
```

$event 변수는 $emit의 첫 번째 매개변수만 가지고 있으므로, 여러 개의 매개변수를 전달하고 싶을 때는 다음과 같이 객체로 전달해야 합니다.

▼ 이벤트 매개변수로 여러 개의 데이터 전달하기

```javascript
this.$emit('childs-event', { id: 1, name: '<새로운 이름>' })
```

슬롯을 사용한 사용자 정의 컴포넌트

슬롯(slot)은 부모가 되는 컴포넌트 측에서 자식이 되는 컴포넌트의 템플릿 일부를 끼워넣는 기능입니다. 컴포넌트에 콘텐츠를 넣거나, 템플릿의 일부를 원하는 형태로 변경하고 싶을 때 사용합니다.

🖋 디폴트 슬롯

사용자 정의 태그 내부의 콘텐츠는 슬롯의 디폴트 값이 됩니다.

▼ 부모 측의 템플릿 　　　　　　　　　　　　　　　　　　**HTML**

```
<comp-child>
  여기는 슬롯 콘텐츠입니다.
</comp-child>
```

컴포넌트 측의 템플릿에서 `<slot>` 태그를 작성하면, 해당 위치에 정의된 슬롯 콘텐츠가 들어가게 됩니다.

▼ 자식 측의 템플릿 　　　　　　　　　　　　　　　　　　**HTML**

```
<div class="comp-child">
  여기에 슬롯을 넣음 → <slot></slot>
</div>
```

▼ 실제 렌더링 결과 　　　　　　　　　　　　　　　　　　**HTML**

```
<div class="comp-child">
  여기에 슬롯을 넣음 → 여기는 슬롯 콘텐츠입니다.
</div>
```

슬롯을 사용한 동작은 다음과 같은 흐름으로 이루어집니다. 부모 측의 템플릿에서 정의한 슬롯 콘텐츠를 자식 측의 템플릿에 지정되어 있는 슬롯의 위치에 넣어 하나로 합체시키는 형태입니다.

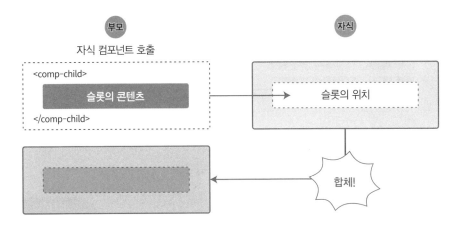

자식 측의 <slot> 태그 내부에는 부모 쪽에서 슬롯 콘텐츠를 지정하지 않았을 경우, 디폴트로 출력할 콘텐츠를 설정할 수 있습니다.

HTML

```html
<div class="comp-child">
   여기에 슬롯을 넣음 → <slot>아무것도 없었다</slot>
</div>
```

그럼 이어서 {{ message }}는 부모와 자식 중에 어떤 message가 출력될까요?

HTML

```html
<comp-child>
   {{ message }}
</comp-child>
```

이러한 경우 부모의 message가 출력되는데. 이는 슬롯은 콘텐츠를 정의한 측의 스코프를 유지하기 때문입니다. 부모 스코프에서 사용할 수 있는 것이라면 다른 컴포넌트를 포함한 태그도 사용할 수 있습니다.

🖋 이름 있는 슬롯

이름을 붙여서 여러 개의 슬롯을 지정할 수도 있습니다.

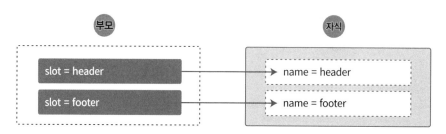

부모 측에서 콘텐츠를 감싼 태그에 slot="<이름>"으로 이름을 붙입니다. 이름이 있는 태그 범위 밖은 디폴트 슬롯 콘텐츠로 사용됩니다.

▼ 부모 측의 템플릿

HTML

```html
<comp-child>
  <header slot="header">
    Hello Vue.js!
  </header>
  Vue.js는 JavaScript 프레임워크입니다.
</comp-child>
```

자식 측에서는 `<slot>` 태그에 slot="<이름>"이라고 이름을 지정하여 이러한 슬롯 콘텐츠를 사용할 수 있습니다.

▼ 자식 측의 템플릿

HTML

```html
<section class="comp-child">
  <header>
    <slot name="header">디폴트 타이틀</slot>
  </header>
  <div class="content">
    <slot>디폴트 콘텐츠</slot>
  </div>
  <slot name="footer">
    <!-- 없을 경우 아무것도 출력하지 않음 -->
  </slot>
</section>
```

```html
<section class="comp-child">
  <header>
    Hello Vue.js!
  </header>
  <div class="content">
    Vue.js는 JavaScript 프레임워크입니다.
  </div>
</section>
```

<slot> 태그에는 v-if 또는 v-for 등의 일부 디렉티브를 사용할 수 있지만, class 등의 HTML 속성은 사용할 수 없습니다. 이러한 속성은 다음 절인 '스코프 있는 슬롯'에서 설명하는 props를 사용해서 다룹니다. 만약 속성이 필요한 경우에는 부모 측의 태그에서 추가해 주세요.

◆ <template> 태그

슬롯 콘텐츠는 일반적으로 HTML 태그로 정의하지만, 태그로 감쌀 필요가 없거나 여러 개의 요소를 그룹으로 묶고 싶은 경우에는 <template> 태그를 사용하면 됩니다.

```html
<comp-child>
  <template slot="text1">텍스트1</template>
  <template slot="text2">텍스트2</template>
</comp-child>
```

참고로 <template> 태그를 사용하면 콘텐츠를 감싸는 요소가 들어가지 않으므로 디렉티브 또는 속성을 사용할 수 없습니다.

🖋 스코프 있는 슬롯

슬롯은 콘텐츠를 정의한 측의 스코프를 유지합니다. 달리 말하면, 자식 측의 스코프에는 접근할 수 없다는 의미입니다. 특별한 속성인 slot-scope를 사용하면 슬롯콘텐츠 정의에 필요한 데이터를 자식 컴포넌트에서 받아서 사용할 수 있습니다.

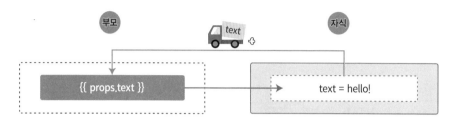

자식 측에서는 <slot> 태그를 작성할 때 속성을 사용해서, 부모에 전달할 데이터를 지정합니다. 간단하게 말하면 이는 'props down'에서 부모와 자식이 역전된 것이라고 할 수 있습니다.

▼ 자식 측의 템플릿   `HTML`

```html
<div class="comp-child">
  <slot text="Hello!"></slot>
</div>
```

부모 측에서는 slot-scope로 받은 변수 이름을 활용할 수 있습니다. <slot> 태그에 지정되어 있는 속성이 첫 번째 매개변수로 모아져서 들어옵니다.

▼ 부모 측의 템플릿   `HTML`

```html
<comp-child>
  <p slot-scope="props">
    슬롯으로 받은 텍스트 → {{ props.text }}
  </p>
</comp-child>
```

만약 부모 측에 props와 같은 이름의 속성이 있는 경우는 슬롯 스코프 내부에서만 사용할 수 있으므로, 특별한 이유가 없다면 props라는 이름을 변경하지 않을 것을 권합니다.

자식 측에서 v-for를 사용해 반복 처리를 하면서 요소의 정보를 슬롯 스코프를 사용해 부모에 전달하고, 부모 쪽에서 요소의 템플릿을 정의할 수도 있습니다.

▼ 자식 측의 템플릿

```html
<ul class="comp-child">
  <slot v-for="item in list" v-bind:item="item"></slot>
</ul>
```

▼ 부모 측의 템플릿

```html
<comp-child>
  <li slot-scope="props">{{ props.item }}</li>
</comp-child>
```

slot-scope는 어떤 태그에나 적용할 수 있습니다. 만약 태그로 감쌀 필요가 없는 경우에는 <template> 태그를 사용해도 됩니다.

스코프 있는 슬롯을 사용하면 컴포넌트 구조가 복잡해지기 십상입니다. 하지만 세부적인 커스터마이즈를 하고 싶다면 반드시 필요한 기능입니다. '이러한 기능도 있구나'라고 아는 것만으로도 언젠가 도움이 될 것입니다.

25 컴포넌트의 양방향 데이터 바인딩

컴포넌트는 기본적으로 'props down' 또는 'event up'과 같은 단방향 데이터 흐름을 갖습니다. 하지만 입력 양식처럼 자동으로 양방향 데이터 바인딩을 실시할 수도 있습니다. 주로 사용자 정의 인터렉티브 UI 컴포넌트를 만들 때 사용합니다.

컴포넌트의 v-model

v-model을 사용해서 컴포넌트에 데이터 바인딩하면 input 이벤트를 $emit할 수 있습니다.

▼ 부모 템플릿   **HTML**

```html
<my-calendar v-model="date"></my-calendar>
```

▼ 자식 쪽의 메서드   **JavaScript**

```javascript
this.$emit('input', '2018-01-01')
```

my-calendar 컴포넌트에서 $emit을 사용해서 input 이벤트를 실행하고, 부모 컴포넌트는 이를 받아 자동으로 data 속성에 매개변수를 할당합니다. v-model은 다음과 같은 템플릿의 문법적 설탕(syntax sugar, 읽고 쓰기 쉽게 하기 위한 작성 방법)입니다.

HTML

```html
<my-calendar
  v-bind:value="date"
  v-on:input="date = $event"></my-calendar>
```

컴포넌트끼리 데이터를 주고받을 때는 이처럼 단순하게 값을 할당하는 경우가 많습니다. 따라서 v-model을 사용하면 템플릿을 보다 간단하게 작성할 수 있습니다. 추가적으로 자식 쪽에서 $emit을 사용할 수 있으므로, 상태에 따라서 부모 쪽에서 v-model을 사용하지 않고 v-on으로 받아서 사용할 수도 있습니다.

◆ v-model의 값은 어디에?

디폴트로는 v-model의 현재 속성은 value가 되지만, 이는 props를 사용해서 명시적으로 전달해야만 사용할 수 있습니다. 의외로 잊기 쉬운 내용이므로 주의해 주세요.

JavaScript

```javascript
Vue.component('my-calendar', {
  template: '<div class="my-calendar">{{ value }}</div>',
  // 자식 컴포넌트에서 현재 값에 접근하려면 value를 입력해야 함
  props: { value: String }
})
```

◆ 사용자 정의 v-model

컴포넌트에 있는 v-model은 디폴트 설정으로서 value를 속성으로, input을 이벤트로 사용합니다. value 속성을 다른 목적으로 사용하거나, 다른 이벤트를 사용하고 싶은 경우에는 model 옵션을 사용해서 설정을 원하는 대로 변경할 수 있습니다.

JavaScript

```javascript
Vue.component('my-calendar', {
  model: {
    // 현재 값을 value가 아니라 current로 할당하고 싶은 경우
    prop: 'current',
    // 이벤트를 change로 사용하고 싶은 경우
    event: 'change'
  },
  // props에서 설정하기
  props: { current:String },
  created: function() {
    this.$emit('change', '2018-01-01')
  }
})
```

✍ .sync로 양방향 데이터 바인딩하기

v-model은 단일 속성뿐만 아니라 .sync 장식자를 사용해서 하나의 컴포넌트에 여러 속성을 동기화할 수 있습니다. 이것도 속성을 직접 변경하는 것이 아닌, $emit을 사용해서 이벤트를 명시적으로 발생시켜야 합니다.

사용 방법은 다음과 같이 동기화하고 싶은 속성에 .sync 장식자를 붙이는 것입니다.

▼ 부모 컴포넌트

`HTML`

```
<my-component
  v-bind:name.sync="name"
  v-bind:hp.sync="hp"></my-component>
```

`JavaScript`

```
new Vue({
  el: '#app',
  data: {
    name: '슬라임',
    hp: 100
  }
})
```

변경할 때 매개변수로 속성 이름을 붙여 $emit을 실행합니다.

`JavaScript`

```
$emit('update:name', 'NewName')
```

▼ 자식 컴포넌트

`JavaScript`

```
Vue.component('my-component', {
  template: '<div class="my-component">\
    <p>이름.{{ name }} HP.{{ hp }}</p>\
    <p>이름 <input v-model="localName"></p>\
    <p>HP <input size="5" v-model.number="localHp"></p>\
  </div>',
  props: {
    name: String,
```

```
    hp: Number
  },
  computed: {
    // 산출 속성의 세터와 게터로 v-model 사용하기
    localName: {
      get: function() { return this.name },
      set: function(val) { this.$emit('update:name', val) }
    },
    localHp: {
      get: function() { return this.hp },
      set: function(val) { this.$emit('update:hp', val) }
    }
  }
})
```

컴포넌트에 대한 v-model 또는 .sync는 암묵적으로 부모 측의 값을 변경합니
다. 받은 내용을 확인하거나, 가공해서 데이터에 할당하는 훅 처리를 하는 경우에는
props와 사용자 정의 이벤트를 확인하도록 합시다.

SECTION

26 템플릿 정의 방법

컴포넌트의 정의 방법 또는 템플릿 작성 방법은 여러 가지가 제공됩니다. 이를 활용해 용도에 맞게 템플릿을 작성할 수 있도록 합시다.

☑ 템플릿의 종류

실행 때에 템플릿을 컴파일할 필요가 없는 '렌더링 함수'와 '단일 파일 컴포넌트'의 경우, 크기가 조금 작은 '런타임 한정 빌드 버전'의 Vue.js를 사용할 수 있습니다. 빌드 도구를 사용하지 않는 이 책의 앞부분에서는 '완전 빌드'를 사용했습니다.

◆ template 옵션

template 옵션에 직접 작성합니다.

`JavaScript`

```javascript
Vue.component({
  template: '<p>템플릿</p>'
})
```

ES2015를 사용할 수 있는 환경이라면 템플릿 리터럴도 사용할 수 있습니다.

`JavaScript`

```javascript
Vue.component('my-component', {
  template:`<div>
    <p>템플릿</p>
    <p>템플릿</p>
  </div>`
})
```

◆ inline-template

특별한 속성인 inline-template을 사용자 정의 태그에 지정하면, 내부에 작성한 HTML을 템플릿으로 사용할 수 있습니다.

HTML

```html
<my-component inline-template>
  <p>템플릿</p>
</my-component>
```

자바스크립트와 HTML이 세트로 묶이지 않으면, 이후에 코드의 가독성 등이 떨어질 수 있으므로 실제 운용 때는 별로 추천하지 않습니다.

◆ text/x-template + 선택자

<script> 태그에 text/x-template 타입을 사용하면, 브라우저에 DOM이라고 인식되지 않아 템플릿으로 활용할 수 있습니다.

HTML

```html
<script type="text/x-template" id="child-template">
  <p>템플릿</p>
</script>
```

이어서 컴포넌트의 옵션으로 해당 요소의 선택자를 지정합니다.

JavaScript

```javascript
Vue.component('my-component', {
  template: '#child-template'
})
```

마찬가지로 자바스크립트와 HTML이 세트로 묶이지 않으면, 이후에 코드의 가독성 등이 떨어질 수 있으므로 실제 운용 때는 그리 추천하지 않습니다. 단순하게 공부나 공유 전용 코드를 만들 때에 활용하기 바랍니다.

◆ 단일 파일 컴포넌트

컴포넌트 단위로 자바스크립트, HTML, CSS를 하나의 세트로서 .vue 확장자 파일로 작성합니다. 이 파일은 독자적인 형식이라 프리 컴파일하지 않으면 사용할 수 없으므로 반드시 컴파일이 필요합니다. Vue.js 개발의 백미라고 할 수 있는 기능으로, 어느 정도 규모 이상의 프로젝트를 만드는 경우에는 이러한 단일 파일 컴포넌트를 메인으로 사용합니다.

이와 관련된 자세한 내용은 7장에서 설명하겠습니다.

◆ 렌더링 함수

정확하게는 템플릿이 아니지만, DOM 구축에 활용할 수 있는 방법이기는 합니다. HTML 기반의 템플릿은 일단 객체 구조로 분해되고, 플레인 자바스크립트로 컴파일됩니다. 이것이 바로 렌더링 함수입니다. 이를 기반으로 가상 DOM이 만들어집니다.

이처럼 프리 컴파일을 하지 않은 템플릿의 경우, 가상 DOM이 될 때까지 여러 가지 처리를 거칩니다. 하지만 직접 렌더링 함수를 사용하면 컴파일 과정을 생략하고, 자바스크립트를 사용해서 동적으로 DOM을 구축할 수도 있습니다.

JavaScript

```
Vue.component('my-component', {
  render: function(createElement) {
    return createElement('element', { options })
  }
})
```

렌더링 함수를 사용하려면 가상 DOM과 관련된 깊은 이해가 필요합니다. 따라서 초보자 전용인 이 책에서는 자세하게 다루지 않겠습니다.

🖋 템플릿이 DOM으로 인식되는 경우

HTML 문장이 브라우저에 의해 해석된 이후에 자바스크립트가 실행되며, 이때 Vue.js가 템플릿을 찾은 뒤 처리를 적용합니다. 이러한 순서로 인해서 문제가 발생할 수 있습니다. 문제가 발생하는 대표적인 상황을 정리하면 다음과 같습니다.

- 마운트 요소 #app 내부에 직접 작성한 템플릿
- inline-template으로 작성한 템플릿
- 이러한 템플릿 내부에서 사용하는 슬롯 콘텐츠

이러한 상황에서는 다음과 같은 부분에 주의해 주세요.

◆ 컴포넌트 명명 규칙

컴포넌트의 이름은 하이픈을 한 개 이상 포함한 케밥 케이스로 만들어야 합니다.

HTML

```
[가능] <my-component></my-component>
[불가능] <myComponent></myComponent>
```

◆ HTML 내포 가능한 요소 규칙

`<table>`, `<select>`와 같은 몇 가지 요소는 내부에 가질 수 있는 요소가 제한되어 있습니다.

HTML

```
<table>
  <my-row>...</my-row>
</table>
```

사용자 정의 태그 `<my-row>`는 HTML 분석 때 잘못된 콘텐츠이므로 제거됩니다. 이러한 경우 `is="<컴포넌트 이름>"`이라는 특별한 속성을 사용해야 합니다.

HTML

```
<table>
  <tr is="my-row"></tr>
</table>
```

`is` 속성은 부여된 요소를 입력한 컴포넌트로 변경합니다.

◆ 반대로 템플릿이 DOM으로 인식되지 않는 경우

다음과 같은 세 가지 경우로 '문자열 템플릿'을 사용할 경우에는 DOM으로 인식되지 않으므로 이전에 설명한 HTML 제약을 받지 않습니다.

- `<script type="text/x-template">`
- 자바스크립트에서 template 옵션으로 템플릿을 직접 작성한 경우
- '.vue' 단일 파일 컴포넌트

특별한 이유가 없다면 이러한 문자열 템플릿을 사용하기 바랍니다. 문자열 템플릿을 사용하면 HTML을 비교적 자유로운 형태로 작성할 수 있습니다. 통일성 있는 코드를 작성하려면 반드시 공식 스타일 가이드를 참고하기 바랍니다.

이외의 기능과 옵션

컴포넌트를 사용할 때 주의해야 할 사항과 편리한 기능에 대해서 살펴봅시다.

함수형 컴포넌트

functional 옵션을 사용해서 상태와 인스턴스를 가지지 않는 함수 형태의 컴포넌트를 정의할 수 있습니다. 라이프 사이클이 없고 감시가 이루어지지 않으므로 성능 면에서도 좋습니다. 데이터는 사용할 수 없어도 props는 사용할 수 있으므로, 꽤 많은 경우에 활용할 수 있습니다.

JavaScript

```javascript
Vue.component('functional-component', {
  functional: true,
  render: function(createElement, context) {
    return createElement('div', context.props.message)
  },
  props: {
    message: String
  }
})
```

프리 컴파일하지 않는 경우에는 템플릿이 아니라 렌더링 함수를 사용해야 합니다. 단일 파일 컴포넌트의 경우는 다음과 같이 간단하게 사용할 수 있습니다.

HTML

```html
<template functional>
  <p>단일 파일 컴포넌트라면 렌더링 함수가 필요하지 않음</p>
</template>
```

참고로 함수형 컴포넌트는 Vue DevTools에 출력되지 않으므로 주의해 주세요.

🖌 동적 컴포넌트

특별한 속성으로 is가 있습니다. 이 is에 컴포넌트를 지정하면 특정 요소와 연결할
컴포넌트를 변경할 수 있습니다. 다음 예는 버튼을 누를 때마다 컴포넌트 내부의 글
자가 변경('A'와 'B'를 오고가게)됩니다.

▼ 컴포넌트 정의하기

`JavaScript`

```javascript
// 컴포넌트 A
Vue.component('my-component-a', {
  template: '<div class="my-component-a">component A</div>'
})
// 컴포넌트 B
Vue.component('my-component-b', {
  template: '<div class="my-component-b">component B</div>'
})
```

▼ 부모 컴포넌트

`HTML`

```html
<button v-on:click="current^=1">toggle</button>
<div v-bind:is="component"></div>
```

`JavaScript`

```javascript
new Vue({
  el: '#app',
  data: {
    componentTypes: ['my-component-a','my-component-b'],
    current: 0
  },
  computed: {
    component: function() {
      // current와 일치하는 index의 컴포넌트를 사용
      return this.componentTypes[this.current]
    }
  }
})
```

📎 공통적인 처리를 등록하는 믹스인

믹스인(Mixin)은 컴포넌트의 생성자에서 옵션만 미리 정의해 두고, 이후에 컴포넌트에 끼워 넣을 수 있게 해 주는 기능입니다. 여러 컴포넌트에서 공통적인 처리를 실시할 경우에 이 믹스인을 사용하면 편리합니다.

▼ 믹스인 정의하기   `JavaScript`

```javascript
var mixin = {
  created: function() {
    this.hello()
  },
  methods: {
    hello: function() {
      console.log('hello from mixin!')
    }
  }
}
```

▼ 믹스인 사용하기   `JavaScript`

```javascript
Vue.component('my-component-a', {
  mixins: [mixin], // 믹스인 등록하기
  template: '<p>MyComponentA</p>'
})
Vue.component('my-component-b', {
  mixins: [mixin], // 믹스인 등록하기
  template: '<p>MyComponentB</p>'
})
```

현재 예에서는 my-component-a와 my-component-b 모두 컴포넌트를 사용할 때 믹스인의 created 메서드가 호출됩니다.

믹스인과 컴포넌트에서 data, methods, computed 등의 옵션이 중복될 때는 컴포넌트 정의가 우선됩니다. created 등의 훅 함수가 중복되면 믹스인의 훅부터 먼저 호출되고, 이후에 컴포넌트의 것이 호출됩니다.

◆ 스파게티 코드가 되지 않도록 주의하기

믹스인을 변경하면 해당 믹스인을 사용하고 있는 모든 컴포넌트에 영향이 발생하므로 주의해 주세요. 편리한 기능이지만 소스 코드가 복잡해지기 쉬우므로, 처리가 너무 많은 곳에 분산되지 않는 경우에만 사용하기 바랍니다.

🎸 컴포넌트의 라이프 사이클

컴포넌트 인스턴스에도 각각의 라이프 사이클이 존재합니다. v-if 디렉티브에 따라서 컴포넌트의 렌더링 상태가 변경되거나, 동적 컴포넌트 요소가 변경되는 시점에 컴포넌트의 인스턴스가 제거되면, 라이프 사이클이 초기화됩니다. props를 포함하는 컴포넌트의 상태가 변경되면 update 계열의 훅이 호출됩니다.

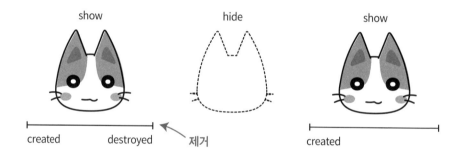

추가로 컴포넌트에 v-if 디렉티브를 사용했을 때 컴포넌트 인스턴스가 제거될지는 v-if를 작성하는 위치에 따라 달라집니다.

◆ 컴포넌트의 사용자 정의 태그와 v-if

부모 컴포넌트의 템플릿에서 작성한 컴포넌트에 v-if를 붙이는 경우와 show 속성이 false가 되었을 경우는 컴포넌트가 제거되어 버립니다.

HTML

```
<comp-child v-if="show"></comp-child>
```

◆ 컴포넌트의 루트 태그에 v-if 적용하기

컴포넌트 내부에서 본인 템플릿의 루트 태그에 v-if를 적용했을 경우, show 속성
이 false가 되어도 컴포넌트가 제거되지 않습니다.

```html
<div class="child" v-if="show">
    컴포넌트의 템플릿
</div>
```

다만 내부에 이미 다른 자식 컴포넌트가 있을 경우에는 그 자식 컴포넌트는 모두 제
거됩니다.

keep-alive로 상태 유지하기

일반적으로 v-if와 동적 컴포넌트 등의 변경이 일어나면 인스턴스가 제거되고 상태
가 초기화됩니다. 내장 컴포넌트 <keep-alive>를 사용하면 렌더링되지 않더라도
컴포넌트의 상태를 유지할 수 있습니다.

예를 들어 다음과 같은 게시판 목업(mockup)은 동적 컴포넌트로 만들었으며, 버튼으
로 메시지 목록과 글쓰기 입력 양식 화면을 변경할 수 있습니다.

```html
<button v-on:click="current='comp-board'">메시지 목록</button>
<button v-on:click="current='comp-form'">글쓰기 양식</button>
<div v-bind:is="current"></div>
```

▼ 두 개의 컴포넌트 정의하기

```javascript
// 메시지 목록 전용 컴포넌트
Vue.component('comp-board', {
  template: '<div>Message Board</div>',
})
// 입력 양식 전용 컴포넌트
Vue.component('comp-form', {
  template: '<div>Form<textarea v-model="message"></textarea></div>',
```

```javascript
  data: function() {
    return { message: '' }
  }
})
```

▼ 부모 컴포넌트에서의 변경

JavaScript

```javascript
new Vue({
  el: '#app',
  data: {
    current: 'comp-board' // 동적으로 변경하기
  }
})
```

하지만 예를 들어 글쓰기 입력 양식 화면에서 글을 쓰다가 목록 화면으로 이동하고, 다시 글쓰기 입력 양식으로 돌아왔을 경우에는 입력하던 글이 사라져 있습니다. 동적 컴포넌트 요소가 바뀔 때 인스턴스가 제거되기 때문입니다.

이러한 경우 <keep-alive>를 사용합니다. 기본적으로는 적용하고자 하는 컴포넌트를 <keep-alive> 태그로 감싸기만 하면 됩니다.

HTML

```html
<keep-alive>
  <div v-bind:is="current"></div>
</keep-alive>
```

이번에는 글이 사라지지 않을 것입니다. <keep-alive>가 적용된 컴포넌트는 부모 컴포넌트가 제거될 때 함께 제거됩니다. key 속성이 설정되어 있으면, key별로 상태를 유지합니다.

◆ keep-alive를 적용했을 경우 사용할 수 있는 라이프 사이클 훅

<keep-alive>를 적용한 컴포넌트는 다음과 같은 라이프 사이클 훅 메서드를 사용할 수 있으며, 이를 기반으로 활성화 시점을 판별할 수 있습니다.

메서드	설명
activated	\<keep-alive\>를 적용한 컴포넌트가 활성화될 때
deactivated	\<keep-alive\>를 적용한 컴포넌트가 비활성화될 때

COLUMN 컴포넌트 의존

컴포넌트는 외부와의 의존을 가능한 줄이고, 컴포넌트 자체에서 다양한 상황을 스스로 대응할 수 있게 설계하는 것이 이상적입니다. 컴포넌트끼리 의존성이 높은 관계를 '밀결합(tightly coupled)', 반대로 의존성이 낮은 관계를 '소결합(loosely coupled)'이라고 부릅니다. 규모가 큰 애플리케이션은 범용성이 굉장히 중요한 요소입니다. 다른 것과의 의존을 줄일수록 단위 테스트(unit test) 등을 도입하기도 쉬워집니다.

그럼 이름을 붙이는 예를 살펴봅시다. 자식 쪽에서 $emit으로 상품 ID를 전송하면, 부모 쪽에서 모달 화면으로 상품 상세 정보를 보여 주는 컴포넌트를 만든다고 합시다. 다음과 같이 open-modal이라는 사용자 정의 이벤트 이름은 부모의 동작에 의존하므로 바람직하지 않습니다.

> HTML

```
<product-list @open-modal="openModal"></product-list>
```

왜냐하면 다른 컴포넌트에서 사용될 때, 모달 화면을 여는 것이 아니라 다른 동작을 할 수도 있기 때문입니다. 다음과 같이 부모의 동작에 의존하지 않는 범용성이 높은 이름을 붙여두면, 보다 사용하기도 쉽고 상황 변화에도 재빠르게 대응할 수 있습니다.

> HTML

```
<product-list @open="openModal"></product-list>
<product-list @change-id="openModal"></product-list>
<product-list @select-element="openModal"></product-list>
```

랜딩 페이지처럼 유지 보수가 많이 발생하지 않는 제품이나 컴포넌트의 사용 방법이 확실하게 결정된 경우도 있습니다. 재사용할 수 있는 것이 이상적이지만, 모두 그렇게 할 필요는 없습니다. 별도로 확장할 예정이 없다면 의존이 있어도 문제없습니다.

미래에 해당 컴포넌트가 어떻게 사용될지, 어느 정도로 확장이 필요할지를 처음부터 생각해 보면 이후의 유지 보수가 편해질 것입니다.

☑ 정리 ⋯⋯

- 컴포넌트는 자바스크립트와 HTML로 관리합니다.
- 부모에서 자식으로 속성을 전달할 때는 props를 활용합니다.
- 자식에서 부모로 속성을 전달할 때는 $emit으로 사용자 정의 이벤트를 만들어서 활용합니다.
- 슬롯은 사용자 정의 템플릿으로 사용할 수 있습니다.
- 편안하게 컴포넌트를 개발하고 싶다면, 하나의 파일에 하나의 컴포넌트를 배치해 주세요.

CHAPTER **6**

트랜지션과
애니메이션

Vue.js의 트랜지션은 CSS 트랜지션/애니메이션을 더욱 간단하게 사용할 수 있게 지원해 주는 기능입니다. 요소가 DOM에 추가, 제거되거나 변경될 때 Vue.js가 자동으로 CSS 트랜지션/애니메이션 관련 클래스를 적용하여 스타일을 적용해 줍니다.

화면에 추가될 때는 오른쪽에서 서서히 들어오기   화면에서 제거될 때는 왼쪽으로 서서히 사라지기

Vue.js의 트랜지션은 이러한 디자인을 위해 제공되는 것이므로, 굉장히 강력하고 세련된 CSS 트랜지션을 간단하게 만들 수 있도록 해 줍니다.

이번 장에서는 CSS 트랜지션을 사용해서 설명하지만, 동일한 방법으로 CSS 애니메이션도 적용할 수 있습니다.

📝 예제 확인하기

화면에 간단하게 움직임을 적용할 수 있으므로 굉장히 재미있는 기능이지만, 애니메이션이라는 특징 때문에 글만으로는 내용을 제대로 전달할 수 없습니다. 따라서 이 책과 함께 제공되는 페이지의 샘플을 함께 살펴보면서 책을 읽어 주세요. 아마 훨씬 더 재미있을 것입니다.

📝 기본적인 트랜지션 사용 방법

트랜지션 효과를 적용하고 싶은 요소를 `<transition>` 태그로 감싸기만 하면 트랜지션 전용 클래스를 사용할 수 있게 됩니다.

```html
<transition>
  <div v-show="show">트랜지션하고 싶은 요소</div>
</transition>
```

이후에 이러한 트랜지션 클래스로 스타일을 정의하면, Vue.js가 `<div>` 태그의 추가/소멸 시점에 클래스를 동적으로 조작해서 트랜지션을 적용해 줍니다.

실제로는 `<transition>`으로 감싼 요소가 DOM 요소로 추가될 때는 enter, DOM 요소에서 제거될 때는 leave라는 문자를 포함한 클래스가 트랜지션 클래스로 적용됩니다.

예를 들어, 이러한 `<div>` 요소에 페이드인과 페이드아웃 트랜지션을 적용하고 싶다면 다음과 같은 CSS를 사용합니다.

```css
/* 1초 동안 투명도를 변화 */
.v-enter-active, .v-leave-active {
  transition: opacity 1s;
}
/* 더 이상 보이게 되지 않을 때의 투명도 */
.v-enter, .v-leave-to {
  opacity:0;
}
```

위의 코드에서 사용한 트랜지션 클래스와 관련된 내용은 이후에 자세히 설명하겠습니다. 참고로 위의 CSS는 일반적인 방법으로 사용할 경우에는 아무것도 달라지지 않습니다. 헤더의 \<style\> 태그에 작성하거나, .css 파일로 작성한 뒤에 읽어 들여 주세요.

✍️ 스타일을 정의해서 움직여 보기

렌더링 상태가 변경되지 않으면 트랜지션이 발생하지 않으므로 show 속성을 사용해서 요소의 상태를 토글할 수 있게 수정해 봅시다.

HTML

```html
<div id="app">
  <button v-on:click="show=!show">변경하기</button>
  <transition>
    <div v-show="show">트랜지션하고 싶은 요소</div>
  </transition>
</div>
```

JavaScript

```javascript
new Vue({
  el: '#app',
  data: {
    show: true
  }
})
```

코드를 실행하면 서서히 나타났다가 서서히 사라지는 모습을 확인할 수 있습니다.

▼ 실제 화면의 모습

현재 예에서는 v-show를 사용했지만, 당연히 v-if를 사용하여 구현할 수도 있습니다.

기존에는 display:none으로 제거해버린 요소의 CSS 트랜지션에는 animation 속성을 사용하는 것이 일반적이었습니다. 하지만 Vue.js의 트랜지션의 경우는 적절한 클래스 관리가 자동으로 이루어지므로 기존의 귀찮은 부분들을 따로 신경 쓰지 않아도 됩니다.

☝ 트랜지션 클래스 이름과 프리픽스

요소에 추가되는 각각의 트랜지션 클래스는 기본적으로 v-라는 프리픽스가 붙습니다. 이 프리픽스는 <transition> 태그에 name 속성을 사용해서 변경할 수 있습니다.

▼ 트랜지션 태그에 name 속성을 지정해서 프리픽스를 demo로 변경하기　　　　**HTML**

```html
<transition name="demo">
  <div v-if="show">트랜지션하고 싶은 요소</div>
</transition>
```

▼ 클래스의 프리픽스가 'demo-'로 변경됨　　　　**CSS**

```css
.demo-enter-active, .demo-leave-active {
  transition: opacity 1s;
}
.demo-enter, .demo-leave-to {
  opacity: 0;
}
```

여러 개의 트랜지션을 사용해도 프리픽스를 변경하면 트랜지션을 쉽게 구분할 수 있습니다.

☝ 초기 렌더링 때 트랜지션 적용하기

기본적으로는 초기 렌더링 때는 트랜지션이 적용되지 않고, 렌더링 이후에 변경이 있을 때만 트랜지션이 적용됩니다. 그러나 <transition> 또는 <transition-group> 태그에 appear 속성을 붙이면 초기 렌더링 때도 트랜지션하게 됩니다.

```
<transition appear>
  <div v-if="show">example</div>
</transition>
```

show 상태가 true라면 초기 렌더링 때 서서히 출력되는 것을 확인할 수 있습니다.

29

단일 요소 트랜지션

단일 요소 트랜지션은 <transition> 태그 내부에 요소가 하나만 존재할 때 사용할 수 있는 트랜지션입니다. 예를 들어 v-if 또는 v-show 조건으로 렌더링 상태를 변경하는 경우 등입니다.

📎 단일 요소 트랜지션에서 사용하는 트랜지션 클래스

Vue.js 트랜지션에는 Enter와 Leave라는 두 개의 페이즈가 존재합니다. Enter는 '대상 요소가 DOM에 추가될 때'를 나타내는 트랜지션 페이즈이며, Leave는 '대상 요소가 DOM에 제거될 때'를 나타내는 트랜지션 페이즈입니다.

일반적인 페이드인과 페이드아웃 트랜지션에서 외관적으로 '나타날 때'와 '사라질 때'로 생각하면 됩니다.

◆ 트랜지션 클래스의 예

'기본적인 트랜지션 사용 방법'(185쪽)에서 네 가지 종류의 트랜지션 클래스를 설명했는데요. 다음과 같은 두 개까지 합하면 모두 여섯 가지 종류가 됩니다.

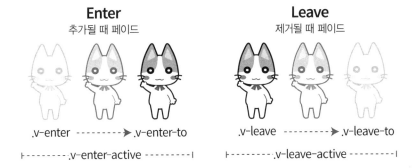

SECTION 29 단일 요소 트랜지션   189

◆ 트랜지션 클래스의 시점

다음과 같은 시점에 트랜지션 클래스가 적용됩니다.

Enter 계열의 클래스	대상 요소가 DOM에 삽입될 때의 트랜지션 페이즈
.v-enter	대상 요소가 DOM에 삽입되기 전에 추가되며, 트랜지션이 종료될 때 사라집니다. Enter 액티브 상태를 나타냅내다.
.v-enter-to	트랜지션이 실제로 시작될 때 추가며, 트랜지션이 종료될 때 사라집니다. Enter의 종료 완료를 나타냅니다.
.v-enter-active	대상 요소가 DOM에 삽입되기 전에 추가되며, 트랜지션이 종료될 때 사라집니다. Enter의 액티브 상태를 나타냅니다.

Leave 계열의 클래스	대상 요소가 DOM에서 제거될 때의 트랜지션 페이즈
.v-leave	트랜지션 시작 전에 추가되며, 트랜지션 개시 때는 사라집니다. Leave 시작 상태를 나타냅니다.
.v-leave-to	트랜지석 시작 전에 추가되어, 트랜지션이 종료되었을 때 사라집니다. Leave 종료 상태를 나타냅니다.
.v-leave-active	트랜지션 시작 전에 추가되어, 트랜지션이 종료되었을 때 사라집니다. Leave의 액티브 상태를 나타냅니다.

◆ 트랜지션 클래스의 기본

사용할 수 있는 트랜지션 클래스가 여섯 개나 있어서 복잡한 스타일을 정의하고 싶은 경우, '어떤 트랜지션 클래스에 어떤 스타일을 적용해야 할까?'로 헤멜지도 모르겠습니다. 그러나 다음과 같은 트랜지션 클래스의 기본을 기억해 두면, 조금은 쉽게 이해할 수 있을 것입니다.

🐾 이것만 기억해 주세요

추가할 때는 (.v-enter) 에서 (.v-enter-to)

제거할 때는 (.v-leave) 에서 (.v-leave-to)

.v-enter-active와 .v-leave-active로는 트랜지션 전체 과정에서 필요한 transition 또는 position 속성을 정의하지만, 이 이외의 장식적인 스타일을 정의할 필요는 거의 없습니다.

다만 .v-enter-active와 .v-leave-active이 붙어 있을 때만 transition 속성을 적용하면, :hover 등의 다른 트랜지션에 대한 영향을 막을 수 있습니다.

◆ 모든 트랜지션 클래스를 사용하는 경우

이러한 여섯 개의 트랜지션 클래스를 모두 사용한다면 다음과 같이 됩니다.

CSS

```css
/* 트랜지션과 관련된 CSS transition 속성 */
.v-enter-active, .v-leave-active {
  transition: opacity 1s;
}
/* 출력할 때는 0에서 1로 */
.v-enter {
  opacity: 0;
}
.v-enter-to {
  opacity: 1;
}
/* 사라질 때는 1에서 0으로 */
.v-leave {
  opacity: 1;
}
.v-leave-to {
  opacity: 0;
}
```

그러나 원래 아무것도 적용하지 않은 경우의 초기 상태가 opacity: 1이므로, .v-enter-to와 .v-leave 클래스는 생략할 수 있습니다.

추가로 .v-enter와 v-leave-to는 스타일이 같으므로 전체적으로 생략해 본다면 다음과 같이 작성할 수 있습니다.

CSS

```css
.v-enter-active, .v-leave-active {
  transition: opacity 1s;
}
```

▼

```css
.v-enter, .v-leave-to {
  opacity: 0;
}
```

이렇게 하면 '기본적인 트랜지션 사용 방법'절에서 정의한 CSS와 완전히 같은 내용이 됩니다!

🖋 Enter와 Leave에서 서로 다른 스타일 정의하기

Enter와 Leave에서 서로 다른 트랜지션을 적용할 수도 있습니다. 다음 예는 출력될 때는 왼쪽에서부터, 제거될 때는 아래로 슬라이드 되면서 사라집니다.

```css
.v-enter-active, .v-leave-active {
  transition:opacity 1s, transform 1s;
}
/* 출력할 때는 왼쪽에서 오른쪽으로 */
.v-enter {
  opacity: 0;
  transform: translateX(-10px);
}
/* 사라질 때는 아래로 */
.v-leave-to {
  opacity: 0;
  transform: translateY(10px);
}
```

▼ 실제 화면의 모습

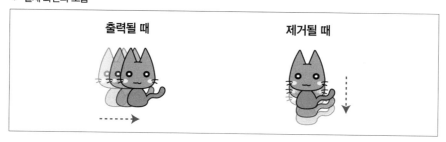

이러한 세부적인 애니메이션은 CSS만으로도 조정할 수 있습니다. 숫자 또는 속성을 조금만 바꿔도 자신만의 움직임을 간단하게 만들 수 있을 것입니다.

🖌 여러 개의 요소 그룹화하기

\<transition\> 태그에 여러 개의 요소가 포함되어 있더라도, 렌더링 결과로 나오는 요소가 하나라면 단일 트랜지션을 사용할 수 있습니다. 다음 예는 'TRUE'와 'FALSE' 요소를 서로 변경합니다.

HTML

```
<transition>
  <div v-if="show" key="a">TRUE</div>
  <div v-else key="b">FALSE</div>
</transition>
```

참고로 2장의 '템플릿에서 조건 분기하기'(51쪽)에서 설명했던 것처럼 같은 요소를 v-if로 그룹화하면 요소를 식별하기 위한 키를 설정해야 합니다.

◆ 요소를 중첩해서 위화감 줄이기

이러한 트랜지션을 실제로 실행하면 Leave 요소가 완전히 사라지기까지 두 개의 요소가 나란히 출력되어 조금 이상한 트랜지션이 되는 것을 확인할 수 있습니다.

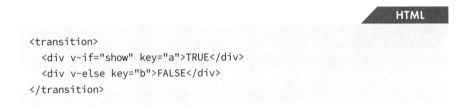

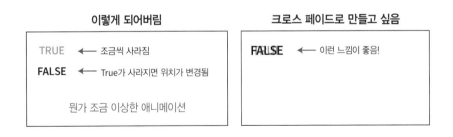

이러한 때는 포지션에 absolute를 지정해서 위화감을 줄일 수 있습니다.

```css
.v-leave-active {
  position: absolute;
}
```

🖋 Enter와 Leave 시점을 변경하기

트랜지션은 일반적인 Enter와 Leave 처리가 동시에 일어나지만, 이 처리 시점을 mode 속성으로 변경할 수 있습니다.

모드	동작
in-out	Enter 트랜지션이 종료되고 나서 Leave 트랜지션이 시작됩니다.
out-in	Leave 트랜지션이 종료되고 나서 Enter 트랜지션이 시작됩니다.

```html
<transition mode="out-in">
  <div v-if="show" key="a">TRUE</div>
  <div v-else key="b">FALSE</div>
</transition>
```

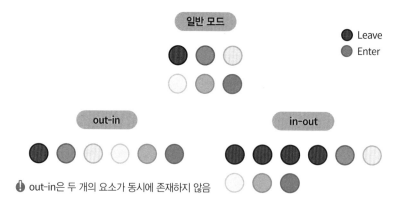

⚠ out-in은 두 개의 요소가 동시에 존재하지 않음

🖋 키의 변화로 트랜지션 발동하기

특정 데이터 변화를 트리거로 하여 트랜지션을 발동시킬 수도 있습니다. 다음 예는 count 속성을 요소의 키로 설정하고 있으므로, count 속성의 수치가 변화할 때마다 크로스 페이드 요소가 변화합니다.

```html
<button v-on:click="count++">변경하기</button>
<transition>
  <div v-bind:key="count">{{ count }}</div>
</transition>
```

```javascript
new Vue({
  el: '#app',
  data: {
    count: 0
  }
})
```

```css
.v-enter-active, .v-leave-active {
  transition: opacity 1s;
}
.v-leave-active {
  position: absolute;
}
.v-enter, .v-leave-to {
  opacity: 0;
}
```

물론 컴포넌트로도 할 수 있습니다.

```html
<transition>
  <my-label v-bind:count="count" v-bind:key="count"></my-label>
</transition>
```

리스트 트랜지션

리스트 트랜지션을 사용하면 여러 개의 요소를 그룹화해서 추가, 삭제, 이동 애니메이션을 부여할 수 있습니다.

리스트 트랜지션을 할 때 사용하는 `<transition-group>` 태그는 래퍼 요소 역할도 함께하므로 태그 이름을 **tag** 속성으로 지정합니다. 일반적으로 **v-for** 디렉티브를 적용한 요소에 트랜지션을 적용하는 경우는 리스트 트랜지션을 사용합니다.

HTML

```html
<transition-group name="list" tag="ul">
  <li v-for="item in list" v-bind:key="item.id"></li>
</transition-group>
```

tag 속성을 생략한 경우에는 span 요소로 랩됩니다. 참고로 컴포넌트가 아닌 경우에도 반드시 키를 설정해야 한다는 점에 주의해 주세요. 트랜지션을 하면 내부적으로 순서가 바뀝니다. 그래서 반드시 키를 지정해서 요소들을 구분할 수 있게 해줘야 합니다.

🖋 리스트 트랜지션을 할 때 사용하는 트랜지션 클래스

리스트의 요소를 추가 또는 제거하거나 조건으로 렌더링 상태를 변경할 때, 해당 요소에 Enter와 Leave 계열의 트랜지션 클래스가 적용됩니다. 단일 요소 트랜지션처럼 사용할 수 있습니다.

◆ 순서가 바뀌었을 때도 트랜지션이 이루어짐

요소가 추가 또는 삭제될 때나 정렬 순서 변경으로 요소가 움직일 때, 해당 요소에 **.v-move**라는 트랜지션 클래스가 적용됩니다. 리스트 트랜지션에서 추가되는 트랜지

션 클래스는 이것 하나입니다. .v-move 클래스를 사용해서 다음과 같이 스타일을
정의해 봅시다.

CSS

```css
/* 1초 동안 요소를 움직이기 */
.v-move {
  transition: transform 1s;
}
```

단일 트랜지션과 마찬가지로 <transition-group>에 이름을 붙이면 프리픽스를
변경해서 다른 트랜지션과 구분할 수 있습니다.

📝 이동 트랜지션

리스트의 순서를 변경하는 산출 속성을 정의해서 어떻게 움직이는지 확인해 봅시다.

HTML

```html
<button v-on:click="order=!order">변경하기</button>
<!-- transition-group 태그로 지정한 속성은 랩 요소에 추가하기 -->
<transition-group tag="ul" class="list">
  <li v-for="item in sortedList" v-bind:key="item.id">
    {{ item.name }} {{ item.price }}원
  </li>
</transition-group>
```

JavaScript

```javascript
new Vue({
  el: '#app',
  data: {
    order: false,
    list: [
      { id: 1, name: '사과', price: 100 },
      { id: 2, name: '바나나', price: 200 },
      { id: 3, name: '딸기', price: 300 }
    ]
  },
  computed: {
```

▼

```
    // order 값에 따라 리스트의 순서를 반전하는 산출 속성
    sortedList: function() {
      // Lodash의 orderBy 메서드 사용하기
      return _.orderBy(this.list, 'price', this.order ? 'desc' : 'asc')
    }
  }
})
```

요소들이 재미있게 움직이는 것을 확인할 수 있습니다.

▼ 실제 렌더링 결과

만약 움직이지 않는다면 다음과 같은 것들을 확인해 보세요.

- .v-move 클래스에 transition 속성이 지정되어 있는지
- 리스트의 key에 인덱스를 사용했는지

이러한 이동 트랜지션은 Y 좌표 이동뿐만 아니라 flexbox와 inline-block이
적용된 요소가 줄바꿈됐을 때의 X 좌표와 Y 좌표 이동에도 대응합니다.

▼ 실제 렌더링 결과

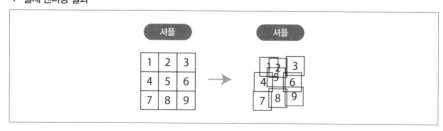

📝 Leave와 Move가 동시에 적용되는 경우

필터링 등으로 여러 개의 요소가 동시에 사라질 때, 뒤에 있는 요소에는 Leave 계열과 Move 계열의 클래스가 동시에 적용됩니다.

예를 들어 'item1', 'item2', 'item3'라는 세 개의 요소가 있는 상태에서, 'item2'와 'item3'가 동시에 사라진다고 합시다. 일단 처음에 사라지는 'item2'는 Leave 계열 클래스만이고, 'item3'는 앞의 요소가 사라지면서 이동도 함께 발생하므로 Move 계열 클래스도 적용됩니다.

CSS 트랜지션이 시작될 때는 다음과 같은 클래스 구성이 됩니다.

HTML

```html
<ul>
  <li>item1</li>
  <li class="v-leave-active v-leave-to">item2</li>
  <li class="v-leave-active v-move v-leave-to">item3</li>
</ul>
```

따라서 다음 CSS 정의를 사용하면, 'item3'는 transition 클래스가 덮어 씌면서 즉시 opacity: 0 상태가 되어 버립니다.

CSS

```css
.v-enter-active, .v-leave-active {
  transition: opacity 1s, transform 1s;
}
.v-leave-active {
  position: absolute;
}
.v-move {
  transition: transform 1s; /* 이게 우선되어 버림 */
}
.v-enter, .v-leave-to {
  opacity:0;
}
```

이는 스타일을 한 번에 정의하거나 :not()을 사용해서 피할 수 있습니다.

▼ 스타일을 한 번에 정의하기

```css
.v-enter-active, .v-leave-active, .v-move {
  transition: opacity 1s, transform 1s;
}
```

▼ :not() 사용하기

```css
.v-enter-active, .v-leave-active {
  transition: opacity 1s, transform 1s;
}
.v-move:not(.v-leave-active) {
  transition: transform 1s;
}
```

리스트 트랜지션에서 무언가가 생각한 대로 동작하지 않는다면, 이 부분도 함께 확인해 주세요!

31 SVG 트랜지션

HTML뿐만 아니라 SVG로 마크업되어 있는 요소도 트랜지션에 사용할 수 있습니다.

SVG를 트랜지션으로 변경하기

다음과 같이 도형이 변경되는 트랜지션도 간단하게 만들 수 있습니다.

HTML

```
<div id="app">
  <button v-on:click="toggle=!toggle">변경하기</button>
  <svg xmlns="http://www.w3.org/2000/svg" version="1.1">
    <!-- SVG 요소에 트랜지션 사용하기 -->
    <transition>
      <my-circle v-bind:fill="fill" v-bind:key="fill"></my-circle>
    </transition>
  </svg>
</div>
```

추가로 SVG 요소 또는 SVG 자체도 컴포넌트로 만들 수 있으므로, 요소를 조합해서 그래프 또는 인트로 애니메이션 등의 복잡한 SVG 조작도 할 수 있습니다.

JavaScript

```
// SVG 요소 컴포넌트 정의하기
Vue.component('my-circle', {
  template: '<circle cx="80" cy="75" r="50" v-bind:fill="fill"/>',
  props: { fill: String }
})
new Vue({
  el: '#app',
  data: {
```

```
      toggle: false
    },
    computed: {
      fill: function() {
        return this.toggle ? 'lightpink' : 'skyblue'
      }
    }
  }
})
```

```css
.v-enter-active, .v-leave-active {
  transition: all 1s;
}
.v-leave-active {
  position: absolute;
}
.v-enter, .v-leave-to {
  opacity: 0;
  transform: translateX(-20px);
}
```

요소 변경을 하지 않는 경우 <transition> 태그를 쓰지 않아도 되며, 위치와 반지름 등의 속성을 바인딩하고 CSS의 transition 속성을 지정하면 트랜지션이 적용됩니다. 다만, 오래된 브라우저에서는 SVG의 CSS 트랜지션이 지원되지 않는 경우도 있으니 주의해 주세요.

크롬 또는 파이어폭스(Firefox)에서는 현재 예에 크로스 페이드와 이동이 적용되는 트랜지션이 실행됩니다. 다만, transform 트랜지션은 인터넷 익스플로러(Internet Explorer, 이하 IE)에서는 동작하지 않아서 크로스 페이드만 동작하는 모습을 확인할 수 있습니다.

32 트랜지션 훅

트랜지션 훅으로 자바스크립트를 사용한 트랜지션 조작이 가능합니다. 다음과 같이 <transition> 태그의 이벤트 훅으로 핸들러를 정의합니다.

▼ 트랜지션 훅　　　　　　　　　　　　　　　　　　　　　**HTML**

```html
<transition v-on:enter="enter" v-on:after-enter="afterEnter">
  <div v-if="show">example</div>
</transition>
```

▼ 핸들러 정의하기　　　　　　　　　　　　　　　　　**JavaScript**

```javascript
methods: {
  enter: function(el, done) {
    console.log('enter')
    setTimeout(done, 1000) // 1초 후에 enter를 종료하고 after-enter로 변경하기
  },
  afterEnter: function(el) {
    console.log('afterEnter')
  }
}
```

🖌 사용할 수 있는 트랜지션 훅

다음과 같은 시점을 트랜지션 중인 요소별로 훅할 수 있습니다.

Enter 계열 훅	시점
before-enter	DOM에 요소가 추가되기 전
enter	.v-enter가 있는 DOM에 요소가 추가된 후
after-enter	트랜지션이 끝나거나 또는 enter에서 done()을 호출한 후
enter-cancelled	enter 페이즈가 중간에 취소되었을 때

Leave 계열 훅	시점
before-leave	클래스가 추가되기 전
leave	.v-leave가 추가된 후
after-leave	DOM에서 요소가 제거된 후 또는 leave에서 done()을 호출한 후
leave-cancelled	leave 페이즈가 중간에 취소되었을 때

cancelled 계열의 훅은 트랜지션 중에 연속해서 클릭한 때처럼 동작 중에 트랜지션이 중단되면 호출됩니다. 각각의 훅에서는 첫 번째 매개변수로 트랜지션이 이루어지던 요소가 전달됩니다. enter와 leave 훅의 경우, 두 번째 매개변수로 콜백 done을 받으며, 이를 사용해서 트랜지션 종료를 명시합니다.

enter와 leave 훅을 연결할 때 done()을 명시적으로 호출하지 않으면, 다음 훅으로 이동하지 않습니다. done()을 실행하면 즉시 트랜지션을 종료하고 다음 훅으로 이동합니다. 따라서 일반적인 트랜지션 클래스와 훅을 함께 사용하는 경우, setTimeout 메서드를 사용해서 CSS 트랜지션이 종료될 때까지 done()의 실행을 지연시켜야 합니다.

✍️ Vue.js 측에서 CSS 조작을 못하게 막기

<transition> 태그에 v-bind:css="false"를 지정하면 트랜지션 클래스와 관련된 처리를 하지 않게 됩니다. 따라서 자바스크립트로 트랜지션을 완전하게 제어하고 싶은 경우 등에 사용하면 편리합니다.

HTML

```html
<transition v-bind:css="false" v-on:before-enter="beforeEnter">
  <div v-if="show">example</div>
</transition>
```

이 책의 지원 페이지(xxv쪽 참고)에서는 트랜지션 훅을 사용한 시간차 트랜지션을 설명합니다. 반드시 참고하기 바랍니다.

☑ 정리 ⋯⋯⋯⋯⋯⋯⋯⋯⋯⋯⋯⋯⋯⋯⋯⋯⋯⋯⋯⋯⋯⋯⋯⋯⋯⋯⋯⋯⋯

- 트랜지션은 CSS를 정의해서 요소에 움직임을 부여하는 것입니다.
- 리스트 트랜지션은 인덱스 이외의 유니크한 키를 반드시 지정해야 합니다.
- Leave와 Move는 동시에 발생하므로 스타일 덮어씌움에 주의해야 합니다.

CHAPTER **7**

큰 규모의
애플리케이션
개발하기

애플리케이션 확장하기

애플리케이션이 복잡해지면 데이터의 교환이 굉장히 많아집니다. 또한 SPA를 구축하려면 라우팅도 필요해집니다. 유연하게 사용할 수 있도록 하기 위해 Vue.js 자체는 주로 화면 렌더링과 관련된 기능만 제공하나, Vue.js 생태계를 활용하면 기능을 간단히 확장해서 사용할 수 있습니다.

Vuex는 여러 컴포넌트가 데이터를 공유할 수 있게 하여 애플리케이션 전체의 상태를 한 곳에서 관리할 수 있도록 해 주는 **상태 관리 전용 라이브러리**입니다.

Vue Router(뷰 라우터)는 컴포넌트로 구조화된 여러 개의 화면을 URL과 연결해서 SPA를 만들 수 있도록 해 주는 **라우팅 전용 라이브러리**입니다.

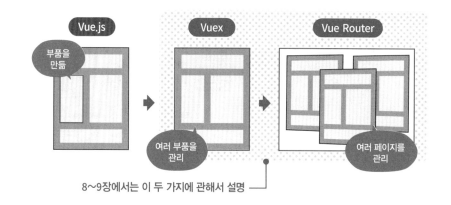

Vuex와 Vue Router는 기능적으로 독립되어 있으므로 필요에 따라 하나만 사용할 수 있습니다. 다만, Vue Router를 사용할 때는 Vuex를 함께 조합해야 보다 효율적인 데이터 관리를 할 수 있으므로 같이 사용하는 경우가 많습니다. 각각의 특징에 관해서는 8장과 9장에서 더 자세하게 설명하겠습니다.

이번 장부터는 Vue.js를 기반으로 만들어진 생태계를 활용해서 보다 복잡한 애플리케이션을 개발하는 방법에 관해서 설명하겠습니다. 또한 Vuex와 Vue Router가 필요해진 시점이라면, 어느 정도 컴포넌트의 수가 늘어나고 구조화되어 있을 상황입니다. 따라서 단일 **파일 컴포넌트**를 사용한 컴포넌트 생성과 Vue CLI를 사용해서 빌드 환경을 전제로 설명하겠습니다.

Vue CLI란?

Vue CLI는 Vue.js를 사용한 애플리케이션 개발을 지원하기 위한 명령 라인 인터페이스입니다. Vue CLI를 사용하면 도구 또는 라이브러리와 같은 애플리케이션 개발에 필요한 개발 환경을 간단하게 구축할 수 있습니다.

'애플리케이션 개발 프로젝트 기획 때의 프로토타이핑' 또는 '개발한 애플리케이션의 빌드 작업' 등을 지원해 주는 도구입니다.

복잡한 대규모의 애플리케이션을 개발할 경우, 그만큼 소스 코드의 양도 많아지므로 한두 개의 파일로 관리하는 것이 현실적으로 불가능합니다.

🖋 소스 코드를 나누어서 관리하기

유지보수성을 향상시킬 수 있는 방법으로 개발 때는 소스 코드를 분할해서 관리하고, 최종적으로는 하나로 합쳐서 사용하는 빌드 환경을 이용하는 방법이 있습니다.

아마 파일을 분할해서 Gulp 등의 태스크 러너(task runner)로 결합하는 처리를 해 본분도 있을 것입니다.

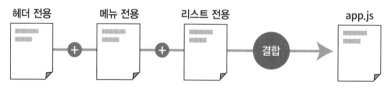

이러한 기능을 활용하면 자바스크립트 파일을 모듈화해서 대규모 개발을 할 때 중요한 유지 보수성과 재사용성을 향상할 수 있습니다.

◆ 모듈화를 사용한 쾌적한 개발

모듈화하면 각각의 모듈 파일이 특정 기능만 갖게 됩니다. 따라서 애플리케이션을 개발할 때 모듈들을 재사용하기 쉽습니다.

Vue.js 개발 환경에서 모듈은 독자적인 파일 형식인 단일 파일 컴포넌트로 만들어집니다. 이를 활용하면 컴포넌트 구축에 특화된 모듈 관리도 할 수 있습니다.

하지만 모듈로 만든 파일을 단순하게 결합하는 것만으로는 브라우저에서 읽어 들여 실행할 수 없습니다. 이렇게 모듈화된 파일을 특별한 방법으로 결합해 주는 것이 webpack을 대표로 하는 번들러입니다.

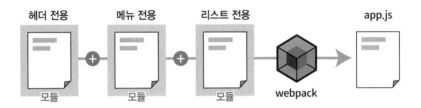

webpack을 사용한 개발 환경 구축은 굉장히 복잡하며, webpack 이외에도 굉장히 많은 지식이 필요합니다. 하지만 Vue CLI를 사용하면 복잡한 설정을 자동으로 잡아 주며, 환경 구축을 도와줍니다.

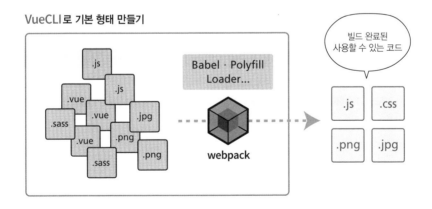

단일 파일 컴포넌트 자체는 Vue CLI를 활용하지 않더라도 사용할 수 있지만, 직접 빌드 환경을 구축하는 것은 굉장히 어려운 지식을 필요로 합니다. 반면 Vue CLI를 사용하면 이런 어려운 전문적인 지식이 없어도 단일 파일 컴포넌트를 사용할 수 있는 환경을 설정할 수 있습니다.

webpack이란?

webpack이란, 모듈화한 여러 개의 파일을 모아 주는 번들러입니다. 번들러로 이 이외에도 'Rollup'과 'Parcel'을 사용할 수도 있지만, 이 책에서는 webpack을 사용해서 설명합니다.

- **webpack 공식 가이드**
  URL https://webpack.js.org/

모듈화한 파일 결합은 단순하게 파일을 결합하는 것이 아니며, 모듈의 의존 상태를 해결하면서 번들합니다.

webpack은 '.js' 파일뿐만 아니라, CSS와 이미지 같은 리소스를 번들해 주는 기능도 있습니다. 다양한 Loader를 사용하면, '.vue' 확장자로 만들어진 단일 파일 컴포넌트를 포함해서 Pug와 Sass 같은 다양한 형식의 파일도 읽어 들일 수 있습니다.

처음 읽어 들이는 파일(엔트리 포인트)을 시작으로 연결된 리소스를 모두 번들하므로, 애플리케이션에 불필요한 리소스는 알아서 제외된다는 장점도 있습니다.

COLUMN **추상화는 왜 필요할까?**

지금까지 설명했던 것처럼 '컴포넌트와 모듈처럼 코드를 분리하는 것'을 추상화라고 부릅니다. 추상화의 단위는 굉장히 다양하지만, 일반적으로 '어떠한 이름을 붙일 수 있는 의존성이 적은 범용적인 코드'를 단위로 사용하는 것이 기본입니다.

이는 Vue.js 컴포넌트를 사용할 때 발생하는 '유지보수성과 재사용성의 장점'과 같습니다. 따라서 5장을 읽은 분이라면 어느 정도 감이 잡힐 것입니다. 예를 들어서 다음과 같이 세금이 포함된 가격을 산출하는 코드를 살펴봅시다.

이러한 경우에는 인스턴스 생성 부분(new Vue())을 body 태그의 마지막 부분에 옮기거나, 다음과 같이 DOMContentLoaded의 이벤트 핸들러 내부에서 new Vue()를 해 주세요.

```javascript
var taxIncludedPrice = Math.floor(price * 1.08) // 소수점 이하는 자르기
```

특별하게 문제가 없는 것처럼 보입니다. 하지만 현재 시점에서 금액에 '1.08'을 곱해서 세금이 포함된 가격이 나온다고 해도, 미래에는 소비세가 인상되어 '1.08'이라는 값을 수정해야 하는 상황이 발생할 수도 있습니다.

이처럼 '세금이 포함된 가격을 산출하는 처리'를 따로 만들어 두면 무엇을 하는 코드인지 쉽게 이해할 수 있으며, 언제라도 이와 관련된 내용을 변경할 수 있습니다.

```javascript
// '세금이 포함된 가격을 산출하는 처리'를 추상화하기
function getTaxIncludedPrice(price) {
  return Math.floor(price * 1.08)
}
var taxIncludedPrice = getTaxIncludedPrice(price)
```

소규모 개발에서는 큰 문제가 없는 코드라도, 대규모 개발에서는 '유지 보수가 쉬운가'라는 요소가 굉장히 중요합니다.

추가로 대규모 애플리케이션 개발에서는 다음과 같이 상품 정보를 추출하는 코드도 같은 문제가 발생합니다.

```javascript
created() {
  axios.get(`/api/product/${ this.id }`).then(res => {
    this.product = res.data
  })
}
```

이 코드는 데이터를 Ajax로 추출하며, axios와 API 경로에 굉장히 많은 의존을 하고 있기에 해당 환경에서만 사용할 수 있기 때문입니다.

'데이터를 읽어 들인다'라는 처리를 따로 빼내면, 다양한 변경 사항에 쉽게 대응할 수 있습니다.

```javascript
created() {
  api.getProduct(this.id).then(data => {
    this.product = data
  })
}
```

하지만 추상화를 또 너무 많이 해버리면 그만큼 구현 비용이 증가해서 코드가 복잡해집니다. 이로 인해 반대로 유지 보수성이 떨어지는 문제가 발생할 수도 있습니다. 따라서 애플리케이션의 규모와 변화 가능성 등을 생각하면서 균형을 맞춰 개발하는 것이 좋습니다.

단일 파일 컴포넌트

단일 파일 컴포넌트란 컴포넌트 정의 방법 중 하나로, 컴포넌트 구축을 보다 쉽게 해 주는 방법입니다. 영어로 표기할 때는 'Single File Components'의 약자로 SFC라고도 부릅니다.

컴포넌트의 수가 많아지면 템플릿도 커지며, 하나의 파일만으로 관리하기 힘들어집니다. 단일 파일 컴포넌트는 컴포넌트에서 사용하는 HTML, 자바스크립트, CSS를 .vue라는 확장자의 파일로 통합해서 관리할 수 있게 해 줍니다.

파일의 내용은 다음과 같이 구성합니다.

▼ Example 컴포넌트 – Example.vue   HTML

```html
<template>
  <div class="example">
    <span class="title">{{ text }}</span>
  </div>
</template>

<script>
export default {
  name: 'Example',
  data() {
    return {
      text: 'example'
    }
  }
}
</script>

<style scoped>
```

▼

```
span.title { color:#ffbb00; }
</style>
```

이 파일의 `<template>` 태그에는 컴포넌트의 옵션 객체의 `template` 옵션을 빼낸 것이며, `<script>` 태그에는 그 이외의 옵션을 입력합니다.

파일 내부의 구조는 직감으로 이해할 수 있을 것입니다. 위부터 차례대로 HTML, 자바스크립트, CSS 코드입니다. 이렇게 하나의 파일에 정리하면, 자바스크립트와 CSS를 어디에서 읽어 들이는지 하나하나 찾아 들어가지 않아도 됩니다.

단일 파일 컴포넌트는 이처럼 독자적인 파일 형식이므로, 이를 자바스크립트로 읽어 들여서 사용하는 것은 불가능합니다. 이전에 설명했던 빌드 환경을 준비하고, 이를 일반적인 자바스크립트로 프리 컴파일(pre compile)하는 과정이 필요합니다.

스코프 있는 CSS

`<style>` 태그에 `<scoped>` 옵션을 붙이면, 스코프 있는 CSS(Scoped CSS)를 사용할 수 있습니다. 이를 사용하면 현재 컴포넌트 내부에서만 스타일을 적용할 수 있게 됩니다. 이는 프리 컴파일했을 때, 다음과 같이 'data-v-xxxxxx'처럼 유니크한 속성을 붙여 줍니다. 이를 활용해서 현재 컴포넌트의 태그에만 스타일을 적용하는 것입니다.

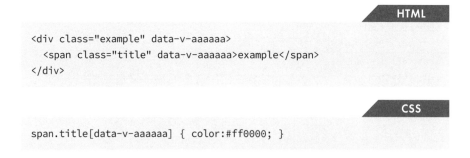

HTML
```
<div class="example" data-v-aaaaaa>
  <span class="title" data-v-aaaaaa>example</span>
</div>
```

CSS
```
span.title[data-v-aaaaaa] { color:#ff0000; }
```

스코프 있는 CSS를 사용하면 현재 컴포넌트 내부에만 스타일을 지정할 수 있으므로 클래스 이름 충돌 등을 따로 생각하지 않아도 됩니다.

이를 활용하면 CSS 선택자에 클래스를 지정하지 않고 span { color:#ff0000; } 처럼 스타일을 지정하면서 사용할 수도 있지만, 클래스를 지정하지 않으면 UI 구조로 어떤 의미가 있는 스타일인지 알기 힘들므로 브라우저의 렌더링 성능도 저하되어 버립니다.

따라서 스코프 있는 CSS를 사용하더라도, 기존의 방식처럼 클래스를 붙이고 스타일을 적용하는 방법을 함께 사용할 것을 권합니다.

◆ 자식 컴포넌트 다루기

템플릿 내부에 자식 컴포넌트가 있을 경우, 자식 컴포넌트의 '루트 요소' 또는 '슬롯 요소'는 부모와 자식 모두의 스코프를 갖게 됩니다.

HTML

```html
<div class="example">
  <child-comp/>
</div>
```

부모와 자식 모두에 'scoped'를 지정한 때는 다음과 같이 전개됩니다.

▼ 렌더링 결과　　　　　　　　　　　　　　　　**HTML**

```html
<div class="example" data-v-aaaaaa>
  <div data-v-aaaaaa data-v-bbbbbb><!-- 자식 루트 요소 -->
    <span data-v-bbbbbb>child-comp</span>
  </div>
</div>
```

이로 인해 루트 요소의 스타일은 어떤 파일에도 작성해도 괜찮으므로, 부모 컴포넌트 쪽에서 레이아웃을 유연하게 변경할 수 있습니다.

◆ 스코프를 넘어 지정하기

서로 스코프를 붙인 컴포넌트에서 자식의 선택자 .b를 지정하고 싶은 경우, 부모 컴포넌트의 스타일에서는 다음과 같은 연산자를 사용할 수 있습니다.

▼ CSS의 경우

```
<style scoped>
.a >>> .b { color:#ff0000; }
</style>
```

▼ SCSS의 경우

```
<style lang="scss" scoped>
.a /deep/ .b { color:#ff0000; }
</style>
```

📝 외부 파일 읽어 들이기

자바스크립트, HTML, CSS가 길어지는 경우에는 외부 파일로 빼서 사용할 수 있습니다. 스타일 파일은 여러 개를 읽어 들일 수도 있습니다.

```
<template src="./template.html"></template>
<script src="./script.js"></script>
<style src="./style1.css"></style>
<style src="./style2.scss" lang="scss" scoped></style>
```

📝 다른 마크업 언어 또는 스타일시트 언어 사용하기

템플릿과 CSS를 작성할 때는 기존의 웹에서 사용되는 마크업 언어와 스타일시트 언어 외에도 'Pug'와 'Sass' 등을 사용할 수 있습니다. Vue CLI로 만든 프로젝트의 경우, 기본적으로 필요한 패키지를 설치하고 <template> 태그에 언어를 지정하기만 하면 사용할 수 있습니다.

```
npm install pug pug-loader --save-dev
```

```pug
<template lang="pug">
  div#example
    span {{ text }}
</template>
```

'npm' 명령어는 이후에 설명하도록 하겠습니다.

🖋 이 책에서 사용하는 코딩 스타일

단일 파일 컴포넌트는 HTML보다 비교적 자유롭게 템플릿을 작성할 수 있습니다. 하지만 그렇다고 너무 마음대로 코드를 작성하면 코드의 통일성이 사라지므로, 공식 스타일 가이드의 규칙을 따르는 것을 권합니다.

이 책에서는 다음과 같은 스타일로 샘플 코드를 작성합니다.

파일 이름	MyComponent.vue
사용자 정의 태그	<MyComponent />
컴포넌트 이름	export default { name: 'MyComponent' }

내장 컴포넌트 이외의 사용자 정의 컴포넌트가 가지는 '파일 이름', '컴포넌트 사용자 정의 태그', '컴포넌트 이름'은 모두 파스칼 케이스로 작성합니다. 내용(슬롯)이 없는 컴포넌트는 자기 종료 태그로 작성합니다. App.vue 이외의 컴포넌트는 components 폴더에 모두 저장합니다.

그럼 단일 파일 컴포넌트와 Vue CLI를 사용해 보기 전에, ES2015의 모듈을 사용하는 방법과 Node.js에 대해서 간단히 소개하겠습니다.

ES2015 모듈은 .js 확장자로 자바스크립트 파일을 작성하기만 하면 됩니다. 파일의 내용은 일반적인 자바스크립트 코드와 차이가 없습니다. 하지만 모듈 파일은 각각 독자적인 스코프를 가지므로 다른 파일과 분리됩니다.

스코프를 가지므로 변수 이름 충돌 등을 걱정하지 않아도 되지만, 모듈 내부에서 정의한 데이터와 함수는 다른 파일에서 직접 접근할 수 없게 됩니다.

🖌 모듈 정의하기

그럼 다음과 같이 state 객체만을 정의한 간단한 모듈 'Example.js'를 살펴봅시다.

▼ Example.js   `JavaScript`

```javascript
// state 객체는 이 모듈 내부에서만 사용할 수 있음
var state = {
  count: 1
}
```

모듈 내부의 데이터와 함수를 다른 파일에서 사용하게 하려면, 익스포트(Export)와 임포트(Import)를 해야 합니다. 다음 예는 'Example' 모듈에서 정의한 state 객체를 익스포트해서, 외부에서 임포트할 수 있도록 하는 것입니다.

▼ Example.js   `JavaScript`

```javascript
var state = {
  count: 1
}
// 디폴트의 임포트 구문으로 호출할 때 리턴할 데이터
export default state
```

📖 모듈 사용하기

'main.js' 파일에서 'Example' 모듈의 state 객체를 Example이라는 변수 이름으로 임포트해 봅시다.

▼ main.js

```javascript
// 디폴트 임포트 구문
import Example from './Example.js'
// Example 모듈의 데이터에 접근할 수 있음
console.log(Example.count) // -> 1
```

ES2015 모듈도 Vue.js 컴포넌트의 컴포넌트 개념처럼 각각의 부품으로 독립적인 상태를 갖는 것이 이상적입니다. ES2015 모듈의 작성 방법은 단일 파일 컴포넌트, Vuex, Vue Router 파일을 작성할 때도 사용되므로 이번 절에서 언급한 내용을 꼭 기억해 주세요.

COLUMN 〉 단일 파일 컴포넌트의 정체

단일 파일 컴포넌트를 사용하지 않고 Vue.js 컴포넌트를 모듈화하면, 다음과 같이 작성할 수 있습니다.

▼ MyComponent.js

```javascript
// 컴포넌트의 옵션 객체를 리턴할 모듈
export default {
  // SFC에서는 template 부분이 <template>가 됨
  template: `<div>MyComponent</div>`,
  // SFC에서는 template 이외의 옵션 부분이 <script>가 됨
  data() {
    return {
      // ...
    }
  }
}
```

실제로 이런 모듈이라고 알아두면 단일 파일 컴포넌트의 구조를 조금 더 이해할 수 있을 것입니다.

다만 단일 파일 컴포넌트를 사용하면 일반적인 컴포넌트 옵션 이외에도 CSS를 함께 사용할 수 있고, 템플릿 부분에 텍스트 에디터의 하이라이트 기능 등이 적용되므로 조금 더 효율적이라고 할 수 있습니다.

'Node.js'는 크롬의 'V8 자바스크립트 엔진'으로 동작하는 자바스크립트 실행 환경입니다. 현재는 프런트엔드 개발 환경의 주류가 되었으며, Vue CLI를 사용하는 경우에도 Node.js를 사용해야 합니다. 다음 사이트에서 인스톨러를 다운로드할 수 있습니다.

● **Node.js 공식 사이트**
  URL https://nodejs.org

※ 윈도우 외에도 맥과 리눅스 인스톨러도 제공합니다.

설치할 때의 설정은 모두 기본으로 해도 상관없습니다. 'Add to PATH'를 변경하면 디폴트로 'node'와 'npm' 경로를 사용할 수 없을 수 있으므로 주의하세요.

윈도우(Windows)의 경우는 명령 프롬프트와 파워셸(Powershell), 맥 OS(MacOS)의 경우는 터미널 등의 명령 라인 도구를 열고, 다음과 같은 명령어로 버전이 출력되는지 확인해 주세요.

```
node -v
npm -v
```

이 책을 집필할 때는 Node.js 버전 '8.9.4'를 사용했습니다.

📖 npm이란?

'npm'이란, Node.js에 들어 있는 자바스크립트 패키지 관리 도구입니다. Node.js를 설치할 때 자동으로 함께 설치됩니다. 패키지 설치와 업데이트 등을 명령어로 간단하게 실시할 수 있게 해 주며, npm으로 설치한 패키지는 **package.json**이라는 파일로 관리됩니다.

npm을 사용해서 패키지를 설치할 때는 '전역 위치'와 '로컬 위치'를 지정할 수 있으며, 로컬 위치를 지정할 경우 프로젝트 폴더 내부에 패키지가 설치됩니다. 프로젝트별로 패키지를 관리하면, 패키지의 업데이트 등을 실시했을 때 다른 프로젝트에 영향을 주는 문제가 없어집니다.

◆ 기본적인 명령어

패키지를 설치할 때는 다음과 같은 명령어를 사용합니다.

명령어	생략 기법	설명
npm install —global	npm i -g	전역 위치에 설치합니다.
npm install —save	npm i -S	프로젝트 결과물을 동작시키기 위해서 필요한 패키지를 설치합니다.
npm install —save-dev	npm i -D	개발 중에만 필요한 패키지를 설치합니다.

npm 버전 4부터는 --save 옵션을 생략할 수 있습니다. 또한, 다음과 같이 @를 붙이면 특정 버전을 설치할 수도 있습니다.

```
npm install --save vue@2.6.10
```

이외의 명령어와 자세한 사용 방법은 npm 문서를 참고해 주세요.

- npm Documentation
  URL https://docs.npmjs.com/

✍️ Babel이란?

ECMAScript 표준과 JSX 트랜스파일러입니다. Vue CLI는 디폴트로 Babel을 설치하고, 이를 사용해서 트랜스파일합니다.

- Babel 공식 사이트
  URL https://babeljs.io/

Babel이 하는 일은 주로 ES2015 이후의 새로운 기법을 대부분의 웹 브라우저가 읽어 들일 수 있는 ES5 표준으로 변환(트랜스파일)하는 일입니다.

플러그인을 사용해서 폴리필 처리를 해 주기도 합니다. 기본적으로는 대부분의 오래된 웹 브라우저에서도 동작할 수 있는 형태로 변환해 줍니다. 최신 API 등을 사용하는 것이 목적이라기 보다는, 개발 때 새로운 기법을 사용해서 코드를 작성할 수 있게 하는 것이 목적입니다.

어떤 버전에서 어떤 버전으로 변환할지는 프리셋과 설정 등으로 변경합니다. VueCLI를 사용하는 경우, Babel의 기본 설정을 자동으로 해 주므로 따로 신경쓰지 않아도 됩니다.

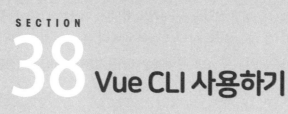

38 Vue CLI 사용하기

이번 장에서는 현재 시점에서 많이 사용되는 Vue CLI 버전 2를 기반으로 설명하겠습니다. 버전 3와 관련된 설명은 이 책의 지원 페이지(https://rintiantta.github.io/jpub-vue/)를 참고해 주세요.

- **Vue CLI 깃허브(GitHub) 리포지토리**
  URL https://github.com/vuejs/vue-cli

이전 세션에서 간단하게 설명했지만, Node.js와 npm을 사용할 수 있는 환경에서는 다음과 같은 명령어를 입력해서 곧바로 설치할 수 있습니다.

▼ 전역 위치에 Vue CLI 설치하기

```
npm install -g vue-cli
```

다음 명령어를 입력했을 때 버전이 출력되면 정상적으로 설치된 것입니다.

▼ Vue CLI 버전 확인하기

```
vue --version
```

실제로 프로젝트를 만들 때는 다음과 같은 명령어를 사용합니다.

▼ 프로젝트 생성 명령어의 기본 형태

```
vue init <템플릿 이름> <프로젝트 이름>
cd <프로젝트 이름>
npm install
```

여러 가지 종류의 템플릿이 제공되는데, 웹 사이트 또는 웹 애플리케이션을 만들 경우 'webpack'과 'webpack-simple'을 많이 사용합니다. 이 이외에도 PWA 또는 Electron 등 다양한 애플리케이션 전용 템플릿이 공개되어 있습니다.

- Vue CLI 템플릿

  URL https://github.com/vuejs-templates

기본적으로 제품을 만들 때는 'webpack' 템플릿을 추천하지만, 파일 수가 많아서 초보자에게는 어렵게 느껴질 수 있습니다. 공부를 목적으로 하거나 프로토타입 개발을 목적으로 할 때는 'webpack-simple'로도 충분하고, 설정할 것이 적어 개발을 빠르게 만들 수 있는 경우도 많습니다. 이 책에서는 'webpack' 템플릿을 기반으로 설명하지만, 만들고 싶은 프로젝트의 규모에 따라서 용도를 적절히 선택하기 바랍니다.

🖌 새로운 프로젝트 만들기

'webpack' 템플릿을 사용해서 새로운 프로젝트 my-app을 만들어봅시다. 명령 라인에서 적당한 디렉터리로 이동한 뒤, 다음 명령어를 실행해 주세요.

```
vue init webpack my-app
```

이 명령어를 실행하면 몇 가지 질문이 뜹니다. 기본적으로 그냥 모두 엔터를 눌러도 상관없지만, 간단하게 무슨 질문인지 살펴보도록 합시다.

```
? Project name (my-app)        // 프로젝트의 이름
? Project description (A Vue.js project) // 프로젝트의 설명
? Author (xxx <xxx@example.com>)         // 제작자의 이름 또는 메일 주소
```

이어서 Vue.js 모드를 '런타임 + 컴파일러'로 할지, '런타임만'으로 할지 선택합니다. 템플릿 정의에 '.vue' 파일만 사용했다면 'Runtime-only'를 선택할 수 있습니다. 일단 추천해 주는 '런타임 + 컴파일러'를 선택합시다.

```
> Runtime + Compiler:recommended for most users
  Runtime-only:about 6KB lighter min+gzip, ...
```

Vue Router를 설치할지 선택합니다. Vue Router는 이후의 장에서 설명할 것이므로 일단 'n'을 입력해 주세요.

```
? Install vue-router?
```

ESLint를 설치할지 선택합니다. ESLint는 구문 확인을 해 주는 편리한 도구이지만, 학습 단계에서는 굳이 설치할 필요가 없으므로 'n'을 선택해도 상관없습니다.

```
? Use ESLint to lint your code? (Y/n)
```

자동 테스트 도구를 설치할지 선택합니다. 이 책에서는 자동 테스트를 다루지 않으므로 일단 'n'으로 합시다. 테스트 도구와 관련된 지식이 있는 분이라면 일단 'Y'로 하고 진행하면서 차차 다시 살펴봐도 괜찮습니다.

```
? Set up unit tests (Y/n)
```

마지막으로 자동으로 모듈을 설치할지를 선택합니다. 수동으로 하면 패키지 관리 도구를 원하는 것으로 선택해서 사용할 수 있습니다. 'npm을 사용해서 설치(Yes, use NPM)', 'yarn을 사용해서 설치(Yes, use Yarn)', '이후에 수동으로 설치(No, I will handle that myself)' 중에서 선택할 수 있습니다.

```
? Should we run `npm install` for you after the project has been created?
(recommended) (Use arrow keys)
> Yes, use NPM
  Yes, use Yarn
  No, I will handle that myself
```

'이후에 수동으로 설치(No, I will handle that myself)' 이외의 것을 선택하면 모듈 설치가 자동으로 시작됩니다.

모듈을 설치할 때는 시간이 꽤 걸리므로 조금 기다려 주세요. 다음과 같은 메시지가 출력되면 설치가 완료된 것입니다.

```
To get started:
  cd my-app
  npm run dev
```

설치가 끝나면 현재 디렉터리 바로 아래에 프로젝트 이름이 붙은 디렉터리가 생성되어 있을 것입니다. 'cd' 명령어로 프로젝트가 설치된 디렉터리로 이동합시다.

🖌 폴더와 파일 구성

'webpack' 템플릿을 사용한 경우 생성되는 폴더와 파일의 구성은 다음과 같습니다. 여러 파일이 있지만 기본적으로는 src 디렉터리 아래에 있는 것만 사용/추가하면 됩니다.

단일 파일 컴포넌트인 '.vue' 파일은 관례적으로 'src' 디렉터리 아래의 'components'라는 디렉터리에 모아 줍니다.

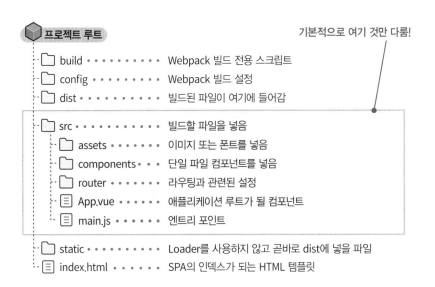

이 이외에도 점으로 시작하는 파일이 있지만, 이 파일들은 따로 편집하지 않아도 괜찮습니다.

'main.js' 내부의 생성자의 호출 부분은 디폴트로 다음과 같이 되어 있습니다.

▼ src/main.js

```javascript
new Vue({
  el: '#app',
  components: { App },
  template: '<App/>'
})
```

템플릿이 아니라 렌더링 함수를 사용하면 런타임 한정 Vue를 사용할 수 있습니다.

▼ src/main.js

```javascript
new Vue({
  el: '#app',
  render: h => h(App)
})
```

개발 서버 실행하기

설치가 완료되었다면 다음과 같은 명령어로 개발 서버를 실행합니다.

```
npm run dev
```

디폴트로 'localhost:8080'에서 페이지를 확인할 수 있습니다. 이 URL을 열면 다음과 같은 화면이 출력됩니다. 콘솔은 항상 열어둔 상태에서 개발할 것을 추천합니다.

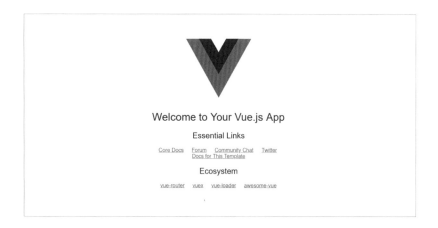

☑️ 핫 리로딩

핫 리로딩이란, 브라우저 전체를 새로고침하지 않고 변경이 있는 컴포넌트만 심리스 (seamless)하게[7] 넣는 개발 전용 기능입니다.

Vue CLI를 사용해서 만든 프로젝트 개발 서버를 실행하고, **App.vue** 템플릿 내부 의 문장을 조금 변경한 뒤 파일을 저장하면 어떤 기능인지 쉽게 알 수 있습니다. 편 집한 문자 부분만 순식간에 변화하는 것이 확인됩니다.

특히 듀얼 모니터를 사용해서 개발을 할 경우, 이 기능이 굉장히 큰 위력을 발휘합니 다. 이는 **.vue** 파일로 읽어 들인 다른 모듈에도 적용됩니다.

☑️ 프로젝트 빌드하기

실제로 운용 모드로 빌드할 때는 다음 명령어를 사용합니다.

```
npm run build
```

빌드에는 몇 분이 걸리므로 느긋하게 기다려 주세요. 명령 라인 빌드 로그가 완료되 면 프로젝트 루트에 'dist' 폴더가 생성됩니다.

생성된 'dist' 폴더를 호스팅 서버에 업로드하기만 하면, 빌드와 디플로이까지 모두 완 료되는 것이라고 할 수 있습니다.

이 책의 지원 페이지에서는 깃허브 리포지토리와 Netlify를 사용한 자동 디플로이에 관해서도 설명하므로 참고하기 바랍니다.

☑️ 개발 때의 API 경로 통일과 크로스 도메인 대책

개발 환경과 실제 환경의 API 경로가 다르거나 다른 도메인에 있는 API에서 데이 터를 추출하고 싶다면, 프록시를 설정해 주는 것이 좋습니다. 프록시를 설정하려면 webpack 설정 파일을 수정해야 하므로 주의해야 합니다.

---

7 **옮긴이** '심리스(seamless)하다'는 '알게 모르게' 쯤의 의미라고 생각하면 좋을 것 같습니다.

```javascript
proxyTable: {
  '/api': {
    target: 'http://localhost:8081',
    changeOrigin: true,
    pathRewrite: {
      '^/api': '/my-app/api'
    }
  }
}
```

이렇게 하면 다음과 같이 됩니다.

/api/user 로 사용자를 추출하려고 설계했지만, 개발 중에는

http://localhost:8081/my-app/api/user 에서 추출하고 싶어

하지만 그냥 적으면
디플로이할 때마다 귀찮을 것 같아

프록시를 사용하면

http://localhost:8080/api/user

에 대한 접근을 다음 ↓ 과 같이 우회하게 만들 수 있어

http://localhost:8080/my-app/api/user

보다 자세한 내용은 webpack 문서 페이지를 참고해 주세요.

Vuex나 Vue Router를 포함해서 1장에서 소개한 UI 컴포넌트 등은 Vue.js 플러그인
으로 만들어진 것입니다. Vue.js 플러스인의 사용 방법과 사용자 정의 플러그인을 만
드는 방법에 대해서 살펴봅시다.

Vue.js 플러그인 사용 방법

Vue.js 플러그인은 생성자를 사용하기 전에 전역 메서드인 Vue.use를 사용해서
Vue.js에 등록합니다.

▼ Vuex를 등록하는 예

JavaScript

```
// Vue와 Vuex 모듈 읽어 들이기
import Vue from 'vue'
import Vuex from 'vuex'
// Vue에 Vuex 등록하기
Vue.use(Vuex)
```

◆ 스탠드얼론 버전에서 플러그인을 사용하는 경우

Vuex처럼 공식으로 제공되는 플러그인을 `<script>` 태그로 읽어 들이는 스탠드얼
론 버전으로 사용하는 경우, Vue.use를 자동으로 호출해 주므로 별도의 처리를 하
지 않아도 됩니다. Vue.js 자체를 읽어 들인 후에 플러그인 파일을 읽어 들여 주세요.

◆ 공개되어 있는 리소스 중에는 플러그인이 아닌 것도 있음

웹에 공개되어 있는 Vue.js 전용 리소스는 Vue.use를 사용해서 플러그인으로 등록
하는 형태 외에도 컴포넌트 또는 사용자 정의 디렉티브로 등록해서 사용하는 경우
도 있습니다. 따라서 해당 리소스의 문서를 잘 읽으면서 사용해 주세요!

🍩 사용자 정의 플러그인 만들기

플러그인은 직접 만들 수도 있습니다. 대규모 애플리케이션을 개발하거나 리소스를 재사용하고 싶을 때 플러그인을 만드는 방법을 알고 있으면 편리합니다. 만드는 방법을 간단하게 살펴봅시다.

◆ 플러그인 정의와 등록

플러그인은 install이라는 이름의 공개된 메서드를 가지며, 객체(또는 클래스의 인스턴스)로 정의합니다. install 메서드는 Vue.use에서 처음 플러그인이 등록될 때 한 번만 호출되며, 첫 번째 매개변수로 Vue 생성자 함수를 받습니다.

JavaScript

```javascript
// 사용자 정의 플러그인 정의하기
var MyPlugin = {
  install: function(Vue) {
    // Vue.use했을 때의 처리
  }
}
Vue.use(MyPlugin) // 사용자 정의 플러그인 등록하기
```

Vue.use 메서드는 옵션을 받을 수 있으며, 이러한 옵션은 두 번째 매개변수로 전달됩니다.

JavaScript

```javascript
var MyPlugin = {
  install:function(Vue, options) {
    console.log(options) // -> { lang: "ko" }
  }
}
Vue.use(MyPlugin, { lang: 'ko' }) // 옵션을 전달할 수 있음
```

플러그인은 전역 메서드를 사용해서 '플러그인 고유의 사용자 정의 디렉티브 또는 믹스인'을 등록하거나, Vue.prototype을 사용해서 '인스턴스 공통 메서드와 속성'을 등록할 수 있습니다.

```javascript
var MyPlugin = {
  install: function(Vue) {
    Vue.directive('my-plugin', function(el) {
      // 전역 사용자 정의 디렉티브 등록하기
    })
    Vue.mixin({
      created: function() {
        // 전역 믹스인 등록하기
      }
    })
    // 인스턴스 속성 등록하기
    Vue.prototype.$myPlugin = 'MyPlugin!'
  }
}
```

인스턴스 속성은 충돌을 막기 위해서, 그리고 퍼블릭 속성과 명시적으로 구분하기 위해서 관습적으로 달러 마크($)로 시작하는 이름을 사용합니다. 많은 처리는 '.js'에 직접 작성해도 문제없지만, 플러그인으로 만들어서 사용하면 처리를 은폐할 수 있습니다.

◆ 스크롤 수치를 공유하는 플러그인

다음 샘플 코드는 추출한 스크롤 수치를 리액티브 데이터로서 모든 컴포넌트에서 사용할 수 있게 만들었습니다.

```javascript
var windowPlugin = {
  install: function(Vue) {
    // 플러그인 데이터 전용으로 Vue 인스턴스 사용하기
    var store = new Vue({
      data: { scrollY:0 }
    })
    // 윈도우 스크롤 이벤트 핸들하기
    var timer = null
    window.addEventListener('scroll', function() {
      if (timer === null) {
```

▼

```
        timer = setTimeout(function() {
          // 200ms 간격으로 scrollY 속성에 할당하기
          store.scrollY = window.scrollY
          clearTimeout(timer)
          timer = null
        }, 200)
      }
    })
    // 인스턴스 속성에 등록하기
    Vue.prototype.$window = store.$data
  }
}
Vue.use(windowPlugin)
```

이렇게 만든 컴포넌트는 다음과 같이 사용할 수 있습니다.

```
Vue.component('my-component', {
  template:'<div>{{ scrollY }}</div>',
  computed: {
    scrollY: function() { return this.$window.scrollY }
  }
})
```

샘플에서는 플러그인에서 사용하는 **리액티브 데이터를 생성**하기 위해 Vue 인스턴스를 이용합니다.

이렇게 구성하면 이벤트 버스와 마찬가지로 리액티브 데이터 생성 이외에도 Vue.js 의 다양한 기능을 이용할 수 있습니다. Vuex의 모듈 또는 전용 Vuex 스토어를 사용하는 것도 좋습니다.

ES2015로 작성해 보기

지금부터는 소스 코드에 빌드를 적용할 것을 전제로 설명합니다. 그래서 현재 브라우저에서 지원하지 않는 ES2015 문법을 사용하겠습니다.

지금까지 ES2015를 한 번도 본 적이 없다면, 이번 기회에 ES2015를 간단하게 살펴보도록 합시다.

변수 생성 방법

var은 ES2015부터 사용하지 않아도 됩니다.

▼ ES5의 경우   JavaScript

```javascript
var x = 0
```

ES2015에서는 const와 let을 사용합니다. let은 선언 이후에 다시 할당이 가능하며, const는 선언 이후에 다시 할당하는 것이 불가능한 '상수'입니다.

▼ ES2015의 경우   JavaScript

```javascript
let x = 0
console.log(x++) // -> 1
const x = 0
console.log(x++) // -> Identifier 'x' has already been declared 오류 발생
```

const와 let은 블록 스코프이므로 블록 내부에 선언되어 있을 경우, 외부에서 사용할 수 없습니다. 이는 for 반복문 등의 블록에서도 마찬가지입니다.

▼ var은 외부에서 접근할 수 있음 `JavaScript`

```javascript
{
  var x = 1
}
console.log(x) // -> 1
```

▼ const와 let은 내부에서만 사용할 수 있음 `JavaScript`

```javascript
{
  let x = 1
}
console.log(x) // -> x is not defined
```

변수 선언을 할 때는 주로 const를 사용하고, 변경할 필요가 있을 경우에만 let을 사용하면 됩니다.

◆ const를 사용한 배열 다루기

const로 선언한 배열은 push 등의 배열 메서드를 사용할 수 있지만, []를 다시 할당하는 등의 방법으로는 빈 배열로 만들 수 없습니다. 빈 배열로 만들 때는 length를 0으로 지정하도록 합시다.

JavaScript

```javascript
const array = [1, 2]
array.push(3)
console.log(array) // -> (3) [1, 2, 3]
array.length = 0
console.log(array) // -> []
```

- MDN web docs — const
  URL https://developer.mozilla.org/ko/docs/Web/JavaScript/Reference/Statements/const

✍ 함수와 메서드 생성 방법

ES2015에서는 메서드를 선언하는 방법이 크게 변경되었습니다.

◆ function 생략

function을 생략해서 메서드를 지정할 수 있습니다. 이렇게 생성한 메서드는 function을 입력했을 경우와 완전히 같습니다.

▼ ES5의 경우   `JavaScript`

```javascript
new Vue({
  methods: {
    handleClick: function() { ... }
  }
})
```

▼ ES2015의 경우   `JavaScript`

```javascript
new Vue({
  methods: {
    handleClick() { ... }
  }
})
```

this가 필요한 메서드 또는 산출 속성에 이러한 표기 방법을 사용하기 바랍니다.

- ● MDN web docs — 메서드 정의
  URL https://developer.mozilla.org/ko/docs/Web/JavaScript/Reference/
  Functions/Method_definitions

◆ 화살표 함수

화살표 함수도 사용할 수 있습니다. 생략 기법과 다르게 함수를 정의한 블록의 스코프가 유지됩니다. 따라서 new Vue의 속성에 정의하는 메서드에 화살표 함수를 사용하면, 외부의 스코프가 유지되어 this가 window가 되어 버립니다. Vue 인스턴스를 this로 사용할 경우에는 사용해선 안 되겠지만, 기본적인 익명 함수를 정의할 때는 편리합니다.

다음 예는 배열 array의 요소가 두 배가 되도록 곱해서 새로운 배열을 만듭니다.

▼ ES5의 경우

```javascript
var newArray = array.map(function(el) {
  return el * 2
})
```

이를 다음과 같이 작성할 수 있습니다.

▼ ES2015의 화살표 함수(1)

```javascript
const newArray = array.map(el => {
  return el * 2
})
```

처리를 감싸는 중괄호를 생략하면 화살표 오른쪽 부분이 자동으로 return 값이 됩니다.

▼ ES2015의 화살표 함수(2)―return 생략

```javascript
const newArray = array.map(el => el * 2)
```

여러 개의 매개변수를 가지게 할 경우, 매개변수들을 소괄호로 감싸 줍니다.

▼ ES2015의 화살표 함수(3)―여러 개의 매개변수

```javascript
const newArray = array.map((el, index) => el * 2)
```

return을 생략해서 객체를 리턴하는 경우, 중괄호가 함수의 블록으로 해석되어 버리므로 소괄호로 감싸 줘야 합니다.

▼ ES2015의 화살표 함수(4)―객체 리턴하기

```javascript
const newArray = array.map(el => ({ value:el * 2 }))
```

- MDN web docs―화살표 함수
  URL https://developer.mozilla.org/ko/docs/Web/JavaScript/Reference/Functions/Arrow_functions

📝 템플릿 리터럴

작은따옴표와 큰따옴표 대신 역따옴표로 감싸서 문자열을 만들면, 문자열 내부에서
줄바꿈을 할 수도 있고 문자열 내부에 변수를 넣을 수도 있습니다.

▼ ES5의 경우

```javascript
var template = '\
  <div class="template">\
    <strong>'+ this.name +'</strong>\
  </div>'
```

▼ ES2015의 경우

```javascript
const template = `
  <div class="template">
    <strong>${ this.name }</strong>
  </div>`
```

- MDN web docs—템플릿 문자열
  URL https://developer.mozilla.org/ko/docs/Web/JavaScript/Reference/
  Template_literals

📝 객체 속성 생략 지정

변수 이름과 속성 이름이 같으면 생략해서 입력해도 됩니다.

▼ ES5의 경우

```javascript
const newObject = { a: a, b: b }
```

▼ ES2015의 경우

```javascript
const newObject = { a, b }
```

- MDN web docs—객체 초기자
  URL https://developer.mozilla.org/ko/docs/Web/JavaScript/Reference/
  Operators/Object_initializer

✍ 비구조화 할당

비구조화 할당은 배열 또는 객체에서 값을 추출해서 개별적인 변수에 대입하는 방법입니다.

```javascript
// 배열 요소 1, 2가 각각 변수 a, b에 할당
const [a, b] = [1, 2]
console.log(a) // -> 1

// name 속성만 추출하기
const { name } = { id:1, name:'사과' }
console.log(name) // -> 사과
```

매개변수로 받은 객체를 분할해서 각각의 이름에 해당하는 변수에 넣을 수도 있습니다.

```javascript
function myFunction({ id, name }) {
  console.log(name) // -> 사과
}
myFunction({ id:1, name:'사과' })
```

다음과 같이 Vue.js 템플릿인 v-for 디렉티브에서도 사용할 수 있습니다.

```html
<ul>
  <li v-for="{ id, name } in list" :key="id">...</li>
</ul>
```

- MDN web docs—비구조화 할당
  URL https://developer.mozilla.org/ko/docs/Web/JavaScript/Reference/
  Operators/Destructuring_assignment

🎴 전개 연산자

배열 또는 객체 리터럴을 전개합니다. 여러 개의 객체를 하나로 합칠 때도 사용합니다.

```javascript
const array = [1, 2, 3]
// 각각 매개변수로 전달됨
myFunction(...array)
// array를 전개하고, 뒤에 새로운 요소 4 추가하기
const newArray = [...array, 4] // -> (4) [1, 2, 3, 4]
```

- MDN web docs—전개 연산자
  - URL https://developer.mozilla.org/ko/docs/Web/JavaScript/Reference/
    Operators/Spread_operator

🎴 배열 메서드

지금까지 별도의 라이브러리로 사용하던 메서드들이 내장 메서드로 추가되었습니다.

◆ find

find는 조건과 일치하는 요소 하나를 찾아 리턴해 줍니다.

```javascript
const array = [
  { id: 1, name: '사과' },
  { id: 2, name: '바나나' }
]
const result = array.find(el => el.id === 2)
console.log(result) // -> { id: 2, name: '바나나' }
```

찾을 수 없는 경우에는 undefined를 리턴합니다.

- MDN web docs—Array.prototype.find()
  - URL https://developer.mozilla.org/ko/docs/Web/JavaScript/Reference/Global_
    Objects/Array/find

◆ findIndex

findIndex는 조건과 일치하는 요소 하나를 찾아 해당 인덱스를 리턴해 줍니다.

```JavaScript
const array = [
  { id: 1, name: '사과' },
  { id: 2, name: '바나나' }
]
const result = array.findIndex(el => el.id === 2)
console.log(result) // -> 1
```

찾을 수 없는 경우에는 −1을 리턴합니다.

- MDN web docs—Array.prototype.findIndex()
  URL https://developer.mozilla.org/ko/docs/Web/JavaScript/Reference/Global_
  Objects/Array/findIndex

🎸 Promise

Promise는 비동기 처리를 추상화한 객체입니다. 비동기 처리를 조작하는 방법을 제 공하며, jQuery의 $.Deferred와 비슷한 작용을 합니다.

매개변수로 resolve(해결), reject(거부)했을 경우의 콜백 함수를 받으며, 처리 결 과에 따라 둘 중 하나를 호출합니다.

```JavaScript
function myFunction() {
  return new Promise((resolve, reject) => {
    setTimeout(() => {
      // 성공한 경우 통지
      resolve('success!')
    }, 1000)
  })
}
// 1초 후에 myFunction이 종료되면, then 처리가 실행됨
myFunction().then(value => {
  console.log(value) // -> 성공!
})
```

거부를 통지할 때는 reject를 호출하는데, 이는 catch로 받습니다.

```javascript
function myFunction(num) {
  return new Promise((resolve, reject) => {
    if (num < 10) {
      resolve('success!')
    } else {
      reject('error!')
    }
  })
}
myFunction(100).catch(value => {
  console.log(value) // -> 에러!
})
```

성공 또는 실패 여부와 상관없이 무조건 해야 하는 처리는 finally를 사용합니다.

```javascript
myFunction().then().catch().finally(() => {
  // 성공하든 실패하든 무조건 실행되는 부분
})
```

- MDN web docs — Promise
  URL https://developer.mozilla.org/ko/docs/Web/JavaScript/Reference/Global_Objects/Promise

☑ 정리 ....
- Vue CLI는 Vue.js 프로젝트의 기본 형태를 만들어 줍니다.
- Vue CLI를 활용하면 단일 파일 컴포넌트를 쉽게 사용할 수 있습니다.
- ES2015 이후의 ECMAScript를 사용하면 개발이 굉장히 간단해집니다.

CHAPTER **8**

Vuex로
애플리케이션 상태
관리하기

41 Vuex란?

Vuex란, 데이터와 해당 데이터의 상태를 한 번에 관리하는 **상태 관리를 위한 확장** 라이브러리입니다.

5장의 컴포넌트 사용 방법에서는 'props와 사용자 정의 이벤트를 사용한 부모 자식끼리 통신하는 방법'과 '이벤트 버스를 사용한 부모 자식 관계가 아닌 경우의 통신 방법'에 관해서 설명했습니다. 간단한 애플리케이션은 이러한 인터페이스만으로도 데이터를 충분히 관리할 수 있습니다.

하지만 컴포넌트의 구조가 복잡해지고 애플리케이션의 규모가 커지면, 이 방법으로는 데이터를 관리하기 어려워집니다.

예를 들어 다음과 같이 깊게 네스트되어 있는 컴포넌트 구조에서 데이터를 공유하려면, props와 $emit을 반복해서 마치 물 나르기 릴레이 형태로 데이터를 전달해야 합니다.

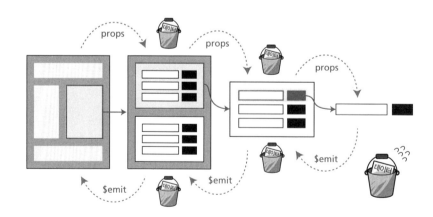

Vuex를 사용하면 이러한 귀찮은 데이터 처리에서 해방될 수 있으며, 모든 컴포넌트에서 하나의 데이터를 참조하기 때문에 정합성을 유지하기 쉽습니다.

🖋 Vuex 도입의 장점

Vuex를 기반으로 관리되는 데이터도 리액티브 데이터이므로, 컴포넌트 구조 상태와 관계없이 사용하고 있는 곳에서 알아서 동기화됩니다.

덧붙이면 상태 관리 전용 라이브러리이므로 데이터를 저장하는 기능 외에도 애플리케이션 레벨에서 데이터를 감시하는 기능이나 상태를 그룹으로 만들어 관리하는 모듈 기능 등 상태 관리와 관련된 다양한 기능을 가지고 있습니다.

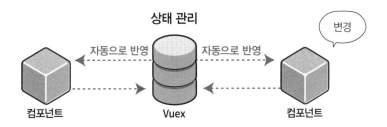

- 여러 개의 컴포넌트가 데이터를 공유
- 데이터 상태와 관련된 처리를 공통화
- 큰 상태 관리도 모듈을 사용해 간단하게 분리

$on과 $emit을 사용한 이벤트 버스는 어떤 컴포넌트끼리 국소적인 상태 교환을 했습니다. 반면 Vuex는 특정 컴포넌트끼리 데이터를 교환하는 형태가 아니라, 애플리케이션 전체의 상태를 하나의 어떤 객체로 관리하는 형태입니다.

🖋 Vuex 설치하기

이 책에서는 Vue CLI로 만든 프로젝트를 기반으로 설정합니다.

미리 학습을 위한 프로젝트를 만들어 둡시다. 이와 관련된 내용은 7장에서 다루었습니다.

- Vuex 문서
  URL https://vuex.vuejs.org

- Babel 공식 사이트—폴리필
  URL https://babeljs.io/docs/usage/polyfill

또한 Vuex는 ES2015의 Promise를 사용하므로, 이를 지원하지 않는 브라우저에서는 사용할 수 없습니다. 따라서 이러한 브라우저도 지원할 수 있게 폴리필을 함께 설치합시다. 이 책에서는 쉽게 사용할 수 있는 babel-polyfill을 사용하겠습니다. 물론 다른 라이브러리를 사용해도 문제는 없습니다.

```
# 최신 버전 설치하기
npm install vuex babel-polyfill
# 책의 설명에서 사용하고 있는 버전을 지정할 경우
npm install vuex@3.1.0 babel-polyfill@6.26.
```

또한, Vuex를 사용하기 전에 폴리필을 읽어 들입시다.

▼ src/storejs   `JavaScript`

```
import 'babel-polyfill'
import Vue from 'vue'
import Vuex from 'vuex'
// 플러그인으로 등록하기
Vue.use(Vuex)
```

Vuex 사용 준비를 모두 완료했습니다!

기본적인 스토어의 구조

Vuex를 사용해서 카운터의 숫자를 늘리는 예제를 만들어보며 저장소의 구조를 간단히 살펴봅시다. Vuex는 상태를 관리하기 위한 스토어를 만듭니다. 스토어는 애플리케이션 내부에 만드는 '가상의 데이터베이스'라고 생각해 주세요. 일단은 'src' 디렉터리 바로 아래에 'store.js' 파일을 만들고, Vuex.Store 생성자를 사용해 스토어 인스턴스를 생성합니다.

▼ src/store.js　　　　　　　　　　　　　　　　　　　　　**JavaScript**

```javascript
// 스토어 만들기
const store = new Vuex.Store({
  state: {
    count: 0
  },
  mutations: {
    // 카운트 업하는 뮤테이션 등록하기
    increment(state) {
      state.count++
    }
  }
})
export default store
```

스토어의 state 옵션에 애플리케이션에서 사용할 데이터를 정의합니다. 이 파일을 읽어 들이면 다음과 같은 형태로 데이터에 접근할 수 있습니다.

▼ 스토어의 상태에 접근하기　　　　　　　　　　　　　　　**JavaScript**

```javascript
import store from '@/store.js'
console.log(store.state.count) // -> 0
```

※ 경로 내부의 '@'는 디폴트로 등록되어 있는 'src' 디렉터리의 별칭입니다.

등록한 뮤테이션 increment는 다음과 같이 commit 메서드를 사용해서 호출합니다.

▼ 스토어의 상태 변경하기 `JavaScript`

```javascript
// increment를 커밋하기
store.commit('increment')
// 값이 변경된 것을 확인할 수 있음
console.log(store.state.count) // -> 1
```

뮤테이션과 커밋에 관련된 내용은 이후에 자세히 설명하겠습니다.

스토어를 Vue 애플리케이션에 등록하기

현재 상태에서는 단일 파일 컴포넌트 모두에서 'store.js'를 읽어 들여 사용해야 하므로 약간 귀찮습니다. 스토어 인스턴스를 Vue 애플리케이션의 루트에 등록하면, 컴포넌트 인스턴스 속성 $store로 어디에서든지 사용할 수 있게 됩니다.

▼ src/main.js `JavaScript`

```javascript
import store from './store.js'
new Vue({
  el: '#app',
  store, // store 등록하기
  render: h => h(App)
})
```

모든 컴포넌트에서 다음과 같이 사용할 수 있게 됩니다.

▼ src/App.vue `JavaScript`

```javascript
export default {
  created() {
    // 스토어의 상태 확인하기
    console.log(this.$store.state.count)
    // 스토어의 상태 변경하기
    this.$store.commit('increment')
  }
}
```

🖋 Vuex 내부의 인스턴스 참조 방법

Vuex 인스턴스는 기존의 Vue.js처럼 this를 사용할 수 없습니다. 구현할 때 필요한 속성과 메서드는 모두 매개변수로 전달됩니다.

JavaScript

```javascript
const store = new Vuex.Store({
  // ...
  mutations: {
    // 이렇게 매개변수로 전달됨
    increment(state) {
      state.count++
    }
  }
})
```

따라서 다음과 같이 메서드 정의에도 화살표 함수를 사용할 수 있습니다.

JavaScript

```javascript
const store = new Vuex.Store({
  // ...
  mutations: {
    increment: state => { state.count++ }
  }
})
```

다음 그림은 컴포넌트와 Vuex의 각 기능의 연결을 나타낸 그림입니다. 바로 앞 절에 소개했던 '기본적인 스토어의 구조'의 코드에서 살펴보았던 것보다 조금 더 다양한 것이 등장하고 있습니다.

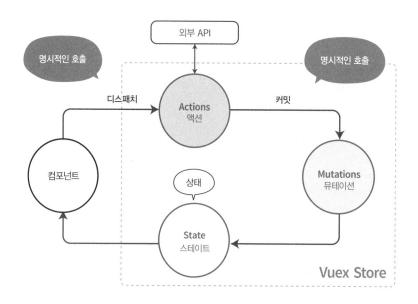

좀 복잡하게 보일 수 있지만 화살표가 한 방향으로 흐르는 일방통행이라 사실 굉장히 간단한 내용입니다. **컴포넌트**에서 **스테이트**를 변경하고 싶으면 **액션**과 **뮤테이션**을 거쳐야 합니다. 구체적인 사용 방법은 이후에 자세하게 설명하겠지만, 일단 이러한 일방통행이라는 것만 기억해 주세요.

실제로 컴포넌트와 함께 사용하기 전에 각각의 기능에 대해서 간단하게 살펴봅시다.

🖋 스테이트

스테이트(state)는 스토어에서 관리하고 있는 상태를 나타내며, 컴포넌트로 이야기하면 data라고 할 수 있습니다. 스테이트는 뮤테이션 이외의 장소에서는 변경하면 안 됩니다.

```javascript
const store = new Vuex.Store({
  state: {
    message :'메시지'
  }
})
```

▼ 호출하는 방법

```javascript
store.state.message
```

🖋 게터

게터(getter)는 스테이트를 추출하기 위한 산출 데이터로, 컴포넌트로 이야기하면 computed와 methods의 중간 기능을 하는 존재입니다. 산출 속성과 다르게 매개변수를 받을 수 있지만 세터 기능은 없습니다. 메서드의 매개변수로 사용할 수 있는 속성 또는 메서드를 전달할 수 있습니다.

▼ 기본적인 정의 방법

```javascript
const store = new Vuex.Store({
  // ...
  getters: {
    // 단순하게 상태 리턴하기
    count(state, getters, rootState, rootGetter) {
      return state.count
    },
    // 리스트 요소들의 price 속성을 기반으로 최댓값을 찾아 리턴하기
    max(state) {
      return state.list.reduce((a, b) => {
        return a > b.price ? a : b.price
      }, 0)
```

▼

```
      }
    }
  })
```

매개변수를 가지는 게터를 호출하는 경우에는 메서드 정의 그대로 사용합니다.

▼ 매개변수를 사용할 경우의 정의 방법

```
const store = new Vuex.Store({
  // ...
  getters:{
    // list에서 id가 일치하는 요소 리턴하기
    item(state) {
      // 화살표 함수 사용하기
      return id => state.list.find(el => el.id === id)
    },
    // 다른 게터를 사용할 수도 있음
    name(state, getters) {
      return id => getters.item(id).name
    }
  }
})
```

▼ 호출 방법

```
store.getters.count
// 매개변수가 있는 게터의 경우
store.getters.item(id)
```

게터를 거치지 않고 스테이트에 접근할 수도 있지만, 규칙이므로 반드시 **getters**를 사용하는 형태로 사용하기 바랍니다. 참고로 매개변수가 있는 게터는 캐시를 사용하지 않으므로, 여러 번 접근하는 데이터는 컴포넌트의 산출 속성으로 만들어서 캐시하게 하는 것이 좋습니다.

🖋 뮤테이션

스테이트를 변경할 수 있는 방법입니다. 컴포넌트로 이야기하면 **methods**입니다. 매개변수로 다음과 같은 정보를 받습니다.

❶ state: 스테이트
❷ payload: 커밋에서 전달된 매개변수

▼ 정의 방법

```javascript
const store = new Vuex.Store({
  // ...
  mutations:{
    mutationType(state, payload) {
      state.count = payload
    }
  }
})
```

대규모 개발에서는 메서드 이름에 상수가 사용되기도 합니다. 이때 뮤테이션과 액션 메서드를 '타입'이라고 부릅니다. 이 메서드는 직접 호출하지 않고 커밋이라는 방법을 사용해서 호출합니다. 이는 이벤트 핸들러 정의와 비슷한데요. 호출을 위해서 타입과 핸들러라는 개념을 사용합니다.

◆ 커밋

커밋(commit)은 등록되어 있는 뮤테이션을 호출할 수 있게 해 주는 인스턴스 메서드입니다. 컴포넌트의 **$emit**과 비슷합니다. 임의의 매개변수를 가질 수 있으며, 액션 내부에서도 사용할 수 있습니다.

▼ 호출 방법

```javascript
store.commit('mutationType', payload)
```

매개변수가 여러 개라면 다음과 같이 객체를 사용하면 편리합니다.

```javascript
store.commit('mutationType', { id:1, name:'딸기' })
```

```javascript
mutationType(state, { id, name }) {
  // ...
}
```

📝 액션

액션(actions)은 비동기 처리를 포함할 수 있는 메서드입니다. 데이터 가공 또는 비동기 처리를 실시한 후, 그 결과를 뮤테이션으로 커밋합니다.

▼ 정의 방법

```javascript
const store = new Vuex.Store({
  // ...
  actions: {
    actionType({ commit }, payload) {
      // 액션 내부에서 커밋하기
      commit('mutationType')
    }
  }
})
```

첫 번째 매개변수는 다음과 같은 객체입니다. 샘플 코드처럼 ES2015의 분할 대입을 사용하면, 임의의 속성만 뽑아서 사용할 수 있습니다.

```javascript
{
  state,       // store.state와 같거나 모듈 내부의 로컬 state
  rootState,   // store.state와 같지만 모듈 내부에 한정
  commit,      // store.commit과 같음
  dispatch,    // store.dispatch와 같음
  getters,     // store.getters와 같거나 모듈 내부의 로컬 getters
  rootGetters  // store.getters와 같지만 모듈 내부에 한정
}
```

여러 기능을 사용하기 위해 내용을 확인하거나 상태를 변경하는 등의 세부적인 처리는 모두 액션 내부에서하는 것이 좋습니다. 오류도 뮤테이션이 아니라 액션에서 throw하는 것이 좋습니다.

◆ 디스패치

디스패치(dispatch)는 등록되어 있는 액션을 호출하는 인스턴스 메서드입니다. 다른 액션 내부에서도 사용할 수 있습니다. 임의의 매개변수를 가질 수 있으며, payload를 사용합니다. 이때 payload는 뮤테이션과 같습니다.

▼ 호출 방법   `JavaScript`

```javascript
store.dispatch('actionType', payload)
```

비동기 처리가 없는 경우 액션을 거치지 않고 직접 커밋할 수도 있습니다. 하지만 여러 사람들이 함께 개발할 때 혼란을 주지 않도록 모두 **dispatch**로 통일하는 것을 추천합니다.

📋 Vuex의 규칙

뮤테이션과 액션은 명시적으로 호출하기 위한 특별한 메서드가 준비되어 있습니다. Vuex가 제공하는 일정한 규칙에 따라서 상태 관리 정의와 변경하면, 상태와 관련된 코드의 유지보수성이 향상됩니다.

- 애플리케이션 레벨의 상태는 스토어로 관리하기
- 상태를 변경하는 것은 뮤테이션 내부에서만 수행하기
- 비동기 처리는 커밋하기 전에 완료해 두기

COLUMN 액션에서 비동기 처리를 하는 이유

각각의 상태가 단독으로 동작할 수 없어서 여러 상태가 연동해야 하는 경우도 있습니다. 커밋과 다르게 디스패치는 리턴 값으로 Promise를 리턴합니다. 따라서 액션의 처리가 완료되었는지를 쉽게 알 수 있습니다. 비동기 처리에서 문제가 일어나는 경우는 다음과 같은 경우입니다.

- 리스트 항목을 클릭했을 때 해당 대상에 하이라이트 표시하는 경우
- 선택된 항목의 상세를 비동기적으로 가져와서 출력하는 경우

연속으로 여러 항목에 이러한 처리를 했을 경우는 하이라이트 표시가 다른 위치에 되거나, 다른 내용이 출력될 수 있습니다. 일반적으로 비동기 처리를 완료한 뒤에 커밋하면 이러한 문제를 쉽게 해결할 수 있습니다.

스토어에서 관리하는 '메시지'를 컴포넌트에서 추출하고 변경해서 상태를 관리해 봅
시다.

FileName
색칠한 파일과 폴더는 새로 추가한 것임.
이외의 관계없는 파일은 생략

다음과 같이 스토어를 정의합시다.

▼ src/store.js

JavaScript

```javascript
// Vue와 Vuex 모듈 읽어 들이기
import Vue from 'vue'
import Vuex from 'vuex'
Vue.use(Vuex)

const store = new Vuex.Store({
  state: {
    message: '초기 메시지'
  },
  getters: {
    // message를 사용하는 게터
    message(state) { return state.message }
  },
  mutations: {
    // 메시지를 변경하는 뮤테이션
```

▼

```
    setMessage(state, payload) {
      state.message = payload.message
    }
  },
  actions: {
    // 메시지 변경 처리
    doUpdate({ commit }, message) {
      commit('setMessage', { message })
    }
  }
})
export default store
```

'기본적인 스토어의 구조'(251쪽) 절의 코드와 비교해서 게터와 액션이 늘어났습니다.
main.js에서 이 파일을 읽어 들여 애플리케이션에 등록해 봅시다.

▼ src/main.js

```
import Vue from 'vue'
import App from './App.vue'
import store from './store.js'
new Vue({
  el: '#app',
  store, // store를 로컬에 등록하기
  render: h => h(App)
})
```

이렇게 등록하면 모든 곳에서 스토어의 메시지를 사용하거나 변경하기 위한 커밋을
할 수 있습니다.

📝 메시지 사용하기

이 메시지를 'App' 컴포넌트에서 렌더링해 봅시다. 일반적으로 상태 또는 게터를 컴
포넌트의 산출 속성으로 등록해서 사용합니다.

JavaScript

```javascript
computed: {
  message() { return this.$store.getters.message }
}
```

메시지 산출 속성을 출력하고, 그 아래에 편집을 위한 입력 양식 전용 'EditForm' 컴포넌트를 사용자 정의 태그로 작성합니다.

▼ src/App.vue **HTML**

```html
<template>
  <div id="app">
    <p>{{ message }}</p>
    <EditForm />
  </div>
</template>

<script>
// 자식 컴포넌트 읽어 들이기
import EditForm from '@/components/EditForm.vue'
export default {
  name: 'app',
  components: { EditForm },
  computed: {
    // 로컬 message와 스토어의 message 동기화하기
    message() { return this.$store.getters.message }
  }
}
</script>
```

📝 메시지 변경하기

'EditForm' 컴포넌트에서는 메시지를 변경하기 위한 `<input>` 입력 양식을 출력하고, 입력이 있을 경우 액션 `doUpdate`를 호출하게 합니다.

```html
<template>
  <div class="edit-form">
    <input type="text" :value="message" @input="doUpdate">
  </div>
</template>

<script>
export default {
  name: 'EditForm',
  computed: {
    message() { return this.$store.getters.message }
  },
  methods: {
    doUpdate(event) {
      // input의 값을 기반으로 디스패치하기
      this.$store.dispatch('doUpdate', event.target.value)
    }
  }
}
</script>
```

스토어의 상태를 직접 변경하면 안 된다는 규칙이 있으므로 입력 이벤트를 핸들러로 바인드하고, 거기에서 변경하고 싶은 내용을 스토어에 커밋하게 했습니다.

▼ 실제 화면의 모습

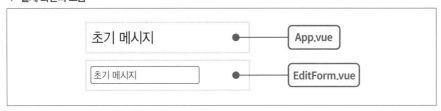

실제로 동작해 보면 입력 양식의 입력과 동기화가 이루어져서 메시지가 변경되는 것을 확인할 수 있습니다. 물론 Vuex를 사용하지 않더라도 같은 프로그램을 구현할 수 있지만, 데이터와 컴포넌트의 수가 늘어날 경우에는 이렇게 스토어를 사용해서 관리하는 것이 편합니다.

📝 상태와 게터에 v-model 사용하기

상태는 뮤테이션 이외의 부분에서 변경하면 안 된다는 규칙이 있으며, 게터도 세터 기능은 없으므로 입력을 할 수 없습니다. v-model을 사용하면 자동으로 값을 변경하므로 바로 이때 문제가 발생합니다.

이전 샘플처럼 이벤트 핸들러에서 디스패치를 사용해도 괜찮지만, 산출 속성의 세터를 사용하면 굉장히 간단합니다.

▼ src/components/EditForm.vue   `HTML`

```html
<template>
  <div class="edit">
    <input v-model="message">
  </div>
</template>

<script>
export default {
  name: 'EditForm',
  computed: {
    // 하나의 산출 속성에서 입출력을 하면 간단
    message: {
      get()      { return this.$store.getters.message },
      set(value) { this.$store.dispatch('doUpdate', value) }
    }
  }
}
</script>
```

🖋 컴포넌트와 스토어를 바인드하는 헬퍼

게터와 뮤테이션을 여러 개 사용할 때, 산출 속성과 메서드에 모든 코드를 작성하면 코드가 복잡해집니다. 이를 해결하기 위한 헬퍼가 있습니다.

JavaScript

```javascript
import {
  mapState,
  mapGetters,
  mapMutations,
  mapActions
} from 'vuex'
```

상태와 게터는 산출 속성으로, 뮤테이션과 액션은 메서드로 등록합니다. ES2015의 전개 연산자를 사용하면 로컬 데이터와 간단하게 조합해서 정의할 수 있습니다.

JavaScript

```javascript
computed:{
  // 로컬의 산출 속성
  myProperty() { ... },
  ...mapGetters([
    // this.message를 store.getters.message에 맵핑
    'message'
  ]),
  // 메서드 이름을 변경하고 싶은 경우는 객체로 정의하기
  ...mapGetters({
    // this.messageAlias를 store.getters.message에 맵핑
    messageAlias:'message'
  })
}
```

조합할 필요가 없으면 옵션에 직접 등록해도 됩니다.

JavaScript

```javascript
computed:mapGetters(['message']),
methods:mapActions(['add', 'update', 'remove'])
```

이렇게 하면 다음과 같이 메서드로 디스패치할 수 있게 됩니다.

```javascript
this.add('newItem!')
// 다음과 같이 dispatch를 사용할 때와 같음
this.$store.dispatch('add', 'newItem!')
```

저는 이러한 형태를 '맵핑 헬퍼'라 부르고 있습니다.

45 모듈을 사용해서 커져 버린 스토어 분할하기

관리하는 정보가 너무 많아져 버린 스토어는 모듈화해서 유지 보수성을 높일 수 있습니다. 예를 들어서 사용자 정보 또는 상품 정보처럼 연관성이 거의 없는 정보는 별도로 관리해도 좋습니다.

🖋 모듈 사용 방법

객체로 정의한 모듈을 스토어의 modules 옵션에 등록합니다.

▼ 모듈을 따로따로 정의하기　　　　　　　　　　　　　　　　`JavaScript`

```javascript
const moduleA = {
  state: { ... },
  mutations: { ... }
}
const moduleB = {
  state: { ... },
  mutations: { ... }
}
```

▼ 모듈을 스토어에 등록하기　　　　　　　　　　　　　　　　`JavaScript`

```javascript
const store = new Vuex.Store({
  modules: {
    moduleA,
    moduleB
  }
})
```

각 모듈의 상태에는 다음과 같이 접근합니다.

```
store.state.moduleA // moduleA의 상태
store.state.moduleB // moduleB의 상태
```

📝 동일 뮤테이션 타입

상태는 각각 모듈로 관리되며, 뮤테이션과 액션을 동일한 타입으로 정의할 수 있습니다.

```
const moduleA = {
  state: {
    count: 1
  },
  mutations: {
    update(state) { state.count += 100 }
  }
}
const moduleB = {
  state: {
    count: 2
  },
  mutations: {
    update(state) { state.count += 200 }
  }
}
```

'moduleA'와 'moduleB'는 동일 뮤테이션 타입 update를 정의하고 있습니다. 이를 커밋하면 어떻게 될까요?

```
console.log(store.state.moduleA.count) // -> 1
console.log(store.state.moduleB.count) // -> 2
store.commit('update')
console.log(store.state.moduleA.count) // -> 101
console.log(store.state.moduleB.count) // -> 202
```

콘솔 로그를 보면 'moduleA'와 'moduleB'의 뮤테이션이 모두 실행되는 것을 볼 수 있습니다. 이처럼 다른 모듈에 같은 뮤테이션 타입이 있으면 모두 호출됩니다.

✍️ 이름 공간

동일 타입이 한 번에 커밋되는 기능은 상태를 동기화할 때는 편리하지만, 반대로 동기화하고 싶지 않으면 다른 타입 이름을 사용해야 한다는 의미입니다. 그래서 충돌을 피하고자 타입 이름이 길어져 버릴 수 있습니다. 특히, add와 update 등의 기능은 이름 충돌이 많이 발생할 수 있습니다.

```JavaScript
actions: {
  updateProductCategory() {
    // 이 정도는 그래도 이해할 수 있지만 더 길어지는 경우도 있음
    // 모듈 재사용도 불가능
  }
}
```

모듈을 정의할 때 namespaced 옵션을 true로 설정하면, 이름 공간(namespace)를 갖게 할 수 있습니다.

```JavaScript
const moduleA = {
  namespaced: true,
  mutations: {
    update(state) { state.count += 100 }
  }
}
const moduleB = {
  namespaced: true,
  mutations: {
    update(state) { state.count += 200 }
  }
}
```

이름 공간이 붙어 있을 경우, 커밋 또는 디스패치를 다음과 같이 슬래시(/)를 붙여서 호출합니다.

```javascript
commit('<이름 공간>/<타입>')
```

```javascript
store.commit('moduleA/update') // -> moduleA의 update 커밋하기
store.commit('moduleB/update') // -> moduleB의 update 커밋하기
```

게터는 다음과 같이 호출합니다.

```javascript
store.getters['moduleA/count']
```

이름 공간을 설정하면 동일 타입 뮤테이션과 액션이 연동되지 않으므로 동일한 이름으로도 게터를 정의할 수 있습니다.

◆ 헬퍼에 이름 공간 지정하기

헬퍼는 슬래시 구분으로 이름 공간을 지정합니다. 추가로 첫 번째 매개변수로 이름 공간을 지정하면 이름 공간을 하나하나 지정할 필요가 없습니다.

```javascript
methods:{
    // 이름 공간을 지정해서 add와 맵핑하기
    ...mapActions({ add:'moduleA/add' }),
    // 첫 번째 매개변수로 이름 공간 지정하기
    ...mapActions('moduleA', ['add', 'update', 'remove'])
}
```

📝 모듈 네스트

모듈 내부에 네스트해서 다른 모듈을 읽어 들일 수도 있습니다.

> **JavaScript**

```javascript
const moduleA = {
  namespaced: true,
  modules: {
    moduleC
  }
}
```

호출할 때는 슬래시로 계층을 지정해서 호출합니다.

> **JavaScript**

```javascript
store.commit('moduleA/moduleC/update')
```

디렉터리 경로 표현과 비슷하다고 할 수 있습니다.

📝 이름 공간이 있는 모듈에서 외부에 접근하기

다음 코드에서 모듈 'moduleA'는 이름 공간을 가지고 있다고 가정합니다.

게터에서는 세 번째 매개변수로 rootState, 네 번째 매개변수로 rootGetters를 받을 수 있으며, 다음과 같이 사용합니다.

▼ moduleA의 게터에서 접근하기

> **JavaScript**

```javascript
getters:{
  entries(state, getters, rootState, rootGetters) {
    // 자기 자신의 item 게터 사용하기 - getters['moduleA/item']
    getters.item
    // 루트의 user 게터 사용하기
    rootGetters.user
  }
}
```

액션에서는 첫 번째 매개변수 객체에서 rootGetters를 받을 수 있습니다. 커밋 또는 디스패치를 사용할 경우, 세 번째 매개변수 root 옵션을 true로 지정합니다.

▼ moduleA의 액션에서 접근하기 `JavaScript`

```javascript
actions: {
  actionType({ dispatch, commit, getters, rootGetters }) {
    // 자기 자신의 update 디스패치하기
    dispatch('update')
    // 루트의 update 디스패치하기
    dispatch('update', null, { root:true })
    // 루트의 update 커밋하기
    commit('update', null, { root:true })
    // 루트에 등록되어 있는 moduleB의 update 커밋하기
    commit('moduleB/update', null, { root:true })
  }
}
```

자기 자신에 등록되어 있는 모듈은 다음과 같이 상태 경로처럼 사용할 수 있습니다.

`JavaScript`

```javascript
// moduleA에 등록되어 있는 moduleC의 update를 커밋하기
commit('moduleC/update')
```

모듈을 파일별로 분할하기

물론 모듈은 파일로 분할한 뒤 읽어 들일 수도 있습니다. 폴더 구조에 특별한 규칙은 없지만, Vuex 모듈은 'store' 또는 'vuex'라는 이름의 폴더에 계층화해서 정리하는 것이 일반적입니다.

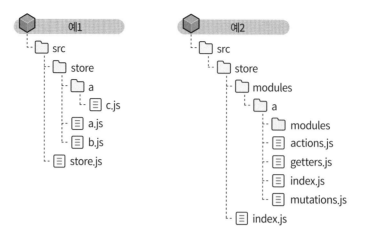

각 모듈에서는 정의한 객체를 익스포트합니다.

▼ src/store/a.js

```javascript
export default {
  state: { ... },
  mutations: { ... }
}
```

스토어 루트를 정의하고 있는 'store.js' 또는 'store/index.js'에서 모듈을 읽어 들여 modules 옵션에 등록합니다.

▼ src/store.js

```javascript
import moduleA from '@/store/a.js'
import moduleB from '@/store/b.js'
const store = new Vuex.Store({
  modules: {
    moduleA,
    moduleB
  }
})
```

🖌 모듈 재사용하기

컴포넌트와 마찬가지로 state를 함수로 만들면 모듈을 재사용할 수 있습니다. 또한
데이터 구조 또는 관리 방법이 같다면, 같은 정의를 여러 번 반복하지 않아도 됩니다.

▼ 재사용할 수 있는 모듈 정의하기   `JavaScript`

```javascript
const myModule = {
  namespaced: true,
  state() {
    return {
      entries: []
    }
  },
  mutations: {
    set(state, payload) { state.entries = payload }
  },
  actions: {
    load({ commit }, file) {
      axios.get(file).then(response => {
        commit('set', response.data)
      })
    }
  }
}
```

▼ 모듈 등록하기   `JavaScript`

```javascript
const store = new Vuex.Store({
  modules: {
    // 같은 모듈 정의 사용하기
    moduleA: myModule,
    moduleB: myModule
  }
})
```

예를 들어, 다음과 같이 다른 데이터를 읽어 들여서 관리합니다.

     `JavaScript`

```javascript
store.dispatch('moduleA/load', '/path/a.json')
store.dispatch('moduleB/load', '/path/b.json')
```

46 이외의 기능과 옵션

Vuex에서는 이 외에도 변경할 수 있는 다양한 옵션과 편리한 기능이 있습니다. 많이 사용되는 옵션을 몇 가지 설명하겠습니다.

📝 스토어의 상태 감시하기

컴포넌트보다도 먼저 호출되는 애플리케이션 레벨의 워처를 정의할 수도 있습니다. 감시 대상은 함수로 정의하고, 이때 함수는 첫 번째 매개변수로 state, 두 번째 매개변수로 getters가 들어옵니다. 이를 사용해서 감시 대상 데이터를 리턴합니다.

`JavaScript`

```javascript
const store = new Vuex.store({ ... })
const unwatch = store.watch(
  (state, getters) => {
    return state.count // 감시하고 싶은 데이터를 리턴
  },
  (newVal, oldVal) => {
    // 처리
  }
)
```

뮤테이션 또는 액션 호출을 훅할 수도 있습니다.

`JavaScript`

```javascript
// 커밋 훅하기
store.subscribe((mutation, state) => {
  console.log(mutation.type)
  console.log(mutation.payload)
})
```

▼

```
// 디스패치 훅하기
store.subscribeAction((action, state) => {
  console.log(action.type)
  console.log(action.payload)
})
```

첫 번째 매개변수로 호출된 뮤테이션 또는 액션과 관련된 정보, 두 번째 매개변수로 현재 스토어의 상태를 받습니다. 예를 들어 모듈을 사용한다면, 호출된 뮤테이션 또는 액션이 등록되어 있는 모듈의 상태를 나타내게 됩니다.

🖋 Strict 모드로 개발하기

일반적인 모드에서는 자료형 실수처럼 상태를 부주의하게 변경해도 경고가 뜨지 않습니다. 따라서 개발 중에는 반드시 'Strict' 모드를 사용하는 것이 좋습니다.

JavaScript

```
const store = new Vuex.Store({
  strict: true
})
```

물론 실제로 운용 중에는 불필요하므로, 환경 변수를 사용해 다음과 같이 설정합시다.

JavaScript

```
const store = new Vuex.Store({
  strict: process.env.NODE_ENV !== 'production'
})
```

🖋 Vuex에서 핫리로딩 사용하기

Vuex 정의를 작성한 파일은 디폴트로 핫 리로딩을 사용할 수 없어서 store.hot Update() API 메서드를 사용해서 설정해야 합니다.

참고로 Vuex.Store 생성자를 사용하고 있는 파일은 핫리로딩을 사용할 수 없으며, 뮤테이션, 액션, 모듈을 다른 파일로 만든 경우에만 사용할 수 있습니다.

```
if (module.hot) {
  module.hot.accept(['@/store/myModule.js'], () => {
    // 변경된 모듈 읽어 들이기
    const myModule = require('@/store/myModule.js').default
    // 새로운 정의 설정하기
    store.hotUpdate({
      modules: {
        myModule: myModule
      }
    })
  })
}
```

COLUMN **컴포넌트를 어떻게 분리해야 좋을까?**

Vuex에 영향을 준 Flux 계열의 라이브러리는 '상태 관리를 할 때는 모든 상태를 스토어에 저장해야 한다' 는 사상을 가지고 있습니다.

하지만 특정 컴포넌트에서만 사용하는 상태는 해당 컴포넌트의 로컬 데이터로 정의하는 것이 더 간단한 경우가 많습니다. 그래서 Vuex는 '스토어'와 '로컬'을 조합하는 방법을 허용하고 있습니다. 예를 들어 컴포 넌트에서 사용하는 입력 양식에서 '입력 양식에 초점이 맞춰져 있는가?'하는 상태는 스토어로 관리할 필 요 없이 로컬로 관리하는 것이 편합니다.

지은이의 경우 애플리케이션 수준에 영향을 주지 않는 데이터(특히, DOM과 밀접한 관련 있는 데이터)는 컴포넌트에서 자체적으로 관리해도 된다고 생각합니다.

'DOM과 관련된 처리'는 컴포넌트를 사용해서, view와 무관한 'API를 사용한 데이터 처리/가공' 등은 Vuex의 스토어를 사용해서 관리한다고 생각하면 좋을 것 같습니다.

☑ **정리**

● 데이터 교환이 많을 것 같으면 초기 단계에서 Vuex를 검토합시다.

● 상태는 소중하게 다루어 주세요. 뮤테이션 이외의 위치에서 변경하지 않도록 합시다.

● 커진 스토어는 모듈화하면 관리하기 쉽습니다.

● 데이터를 스토어로 관리할지, 컴포넌트 로컬로 관리할지 등의 설계는 자유입니다.

CHAPTER **9**

Vue Router로
SPA 만들기

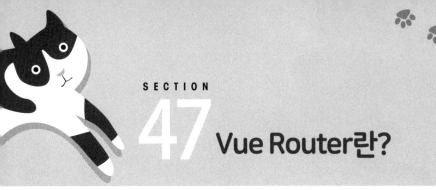

Vue Router란?

Vue Router는 단일 페이지 애플리케이션을 구축하기 위한 Vue.js 확장 라이브러리입니다. 컴포넌트와 URL을 연결해 주는 기능을 가지고 있습니다.

단일 페이지 애플리케이션

단일 페이지 애플리케이션이란, 하나의 웹 페이지를 사용해서 요소의 내용만을 변경해 화면을 이동하는 애플리케이션 설계를 의미합니다. 영어로 'Single-page Application'이라고 부르며, 줄여서 SPA라고 부르기도 합니다. 사용자의 조작이 있을 때, 필요한 부분만 변경해서 출력하므로 렌더링 속도가 굉장히 빠르다는 장점이 있습니다.

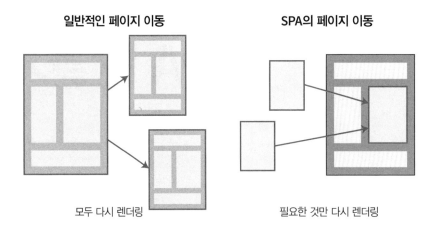

일반적인 페이지 이동 · SPA의 페이지 이동

모두 다시 렌더링 · 필요한 것만 다시 렌더링

SPA로 만들면 페이지가 이동할 때 크로스 페이드나 슬라이드 등의 부드러운 애니메이션을 재생할 수도 있습니다. 또한, 이동 시에 로딩 바 등도 출력할 수 있습니다.

📝 Vue Router 설치하기

이 책에서는 Vue CLI로 만든 프로젝트를 기반으로 설명하겠습니다. 그럼 프로젝트를 만들어 주세요. 프로젝트 생성과 관련된 내용을 잘 모르겠다면 7장을 참고해 주세요.

- **Vue Router 문서**
  `URL` https://router.vuejs.org

```
# 최신 버전 설치하기
npm install vue-router
# 이 책에서 사용한 버전 설치하기
npm install vue-router@3.0.6
```

▼ src/router.js   **JavaScript**

```javascript
import Vue from 'vue'
import VueRouter from 'vue-router'
// 플러그인으로 등록
Vue.use(VueRouter)
```

📝 내장 컴포넌트

Vue Router를 설치하면 다음과 같은 컴포넌트를 사용할 수 있게 됩니다.

사용자 정의 태그	설명
<router-view>	라우트와 일치하는 컴포넌트를 렌더링합니다.
<router-link>	라우트 링크를 생성합니다.

48 간단한 SPA의 구조

일단 간단한 라우터 정의를 살펴봅시다.

다음 예는 'Home'과 'Product'라는 두 개의 페이지를 가지는 SPA의 구조입니다. 각 페이지의 콘텐츠는 컴포넌트로 정의합니다.

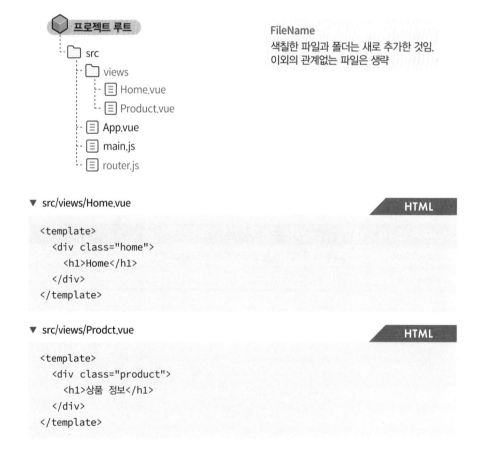

FileName
색칠한 파일과 폴더는 새로 추가한 것임.
이외의 관계없는 파일은 생략

▼ src/views/Home.vue   `HTML`

```html
<template>
  <div class="home">
    <h1>Home</h1>
  </div>
</template>
```

▼ src/views/Prodct.vue   `HTML`

```html
<template>
  <div class="product">
    <h1>상품 정보</h1>
  </div>
</template>
```

내용은 `<script>` 태그도 작성하지 않고 템플릿만으로 구성된 굉장히 단순한 컴포넌트입니다. 이어서 라우터 설정 파일 'router.js'를 만들고, 'Home'과 'Product' 컴포넌트를 읽어 들일 경로와 맵핑합니다.

▼ src/router.js

```javascript
import Vue from 'vue'
import VueRouter from 'vue-router'
// 라우트 전용 컴포넌트 읽어 들이기
import Home from '@/views/Home.vue'
import Product from '@/views/Product.vue'
// Vuex와 마찬가지로 플러그인 등록하기
Vue.use(VueRouter)

// VueRouter 인스턴스 생성하기
const router = new VueRouter({
  // URL의 경로와 연결할 컴포넌트 맵핑하기
  routes: [
    { path: '/', component: Home },
    { path: '/product', component: Product }
  ]
})

// 생성한 VueRouter 인스턴스 익스포트하기
export default router
```

이어서 라우터 설정 파일 'router.js'를 'main.js'에서 읽어 들이고 애플리케이션에 등록합니다.

▼ src/main.js

```javascript
import router from './router.js'
new Vue({
  el: '#app',
  router, // 애플리케이션 등록하기
  render: h => h(App)
})
```

'App' 컴포넌트 템플릿에 `<router-view>` 태그를 작성하면, 라우트와 매치하는 컴포넌트의 내용을 렌더링하게 됩니다.

```html
<template>
  <div id="app">
    <nav>
      <router-link to="/">Home</router-link>
      <router-link to="/product">상품 정보</router-link>
    </nav>
    <!-- 여기에 경로에 일치하는 컴포넌트가 들어감 -->
    <router-view />
  </div>
</template>
```

URL 경로가 /#/이라면 'Home' 컴포넌트, /#/product라면 'Product' 컴포넌트를 렌더링합니다.

실제로 헤더 링크를 클릭하면 브라우저가 새로 페이지를 읽어 들이지 않고도 각각의 페이지로 이동하는 것을 확인할 수 있습니다.

URL에 해시 붙이지 않기

Vue Router는 '해시(Hash)'와 '히스토리(History)'라는 두 가지 모드를 가지고 있으며, 디폴트는 해시 모드입니다. 해시 모드에서는 해시 값의 변경에 따라 현재 라우트를 감지하므로 브라우저에서 History API를 지원하지 않아도 괜찮으며, 서버에서 별도의 설정을 할 필요도 없습니다. 하지만 URL에 #가 붙은 내부 페이지 링크 기능을 사용할 수 없게 됩니다.

URL에서 이러한 해시를 제거하려면 생성자의 객체에서 히스토리 모드를 지정하면 됩니다.

▼ src/router.js

```javascript
const router = new VueRouter({
  mode: 'history',
  routes: [ ... ]
})
```

히스토리 모드를 사용할 경우에는 브라우저를 새로고침하거나 직접 페이지를 열었을 때, 페이지를 찾을 수 없는 문제가 발생할 수 있으므로 서버 쪽에서 별도의 설정을 해 주어야 합니다.

◆ 아파치의 예

아파치(Apache) 서버를 사용하고 있다면 다음과 같이 mod_rewrite 설정을 추가합니다.

▼ .htaccess

```
<IfModule mod_rewrite.c>
  RewriteEngine On
  RewriteBase /
  RewriteRule ^index\.html$ - [L]
  RewriteCond %{REQUEST_FILENAME} !-f
  RewriteCond %{REQUEST_FILENAME} !-d
  RewriteRule . /index.html [L]
</IfModule>
```

서브 디렉토리가 있는 경우에는 RewriteBase 부분을 변경합니다.

```
RewriteBase /my-app/
```

▼ src/router.js

```javascript
const router = new VueRouter({
  base:'/my-app/'
})
```

이렇게 하면 프로젝트의 공개 디렉터리에 접근했을 때 index.html로 연결되며, 라우팅과 관련된 기능이 정상적으로 동작하게 됩니다. 서버 환경에 따라 설정 방법이 다르므로 자세한 내용은 Vue Router 문서의 'HTML 히스토리 모드' 부분을 참고해주세요.

🖌 라우팅 전용 속성

Vue Router의 VueRouter 인스턴스를 애플리케이션에 등록하면 컴포넌트에서 다음과 같은 속성을 사용할 수 있게 됩니다.

◆ $router

$router는 VueRouter 인스턴스 자체입니다.

▼ 컴포넌트에서   **JavaScript**

```
this.$router
```

거의 사용할 일이 없기는 하지만, 프로그램에서의 이동 등에 사용합니다.

◆ $route

$route는 매치된 라우트 정보가 들어오는 객체입니다.

▼ 컴포넌트에서   **JavaScript**

```
this.$route // 현재 경로 또는 매개변수 등의 정보
```

이 객체에는 다음과 같은 정보가 들어 있습니다.

JavaScript

```
{
    fullPath,  // '/'로 시작하는 전체 경로
    hash,      // URL의 '#' 뒤에 연결되는 문자열
    matched,   // 부모 라우트를 포함한 네스트된 모든 라우트 객체 배열
    meta,      // 라우트 메타 정보
    name,      // 라우트 이름
```
▼

```
    params,     // 라우트 매개변수 객체
    path,       // 라우트 경로
    query,      // URL의 '?'에 이어지는 객체 정보
}
```

라우팅과 관련된 메서드의 경우는 to와 from을 매개변수로 받습니다. 이 매개변수의 내용은 $route와 같습니다. to는 이동 대상 라우트 객체, from은 이동 전의 라우트 객체를 의미합니다.

49 라우터 정의와 옵션

VueRouter 생성자에서 라우터 인스턴스를 만들고, routes 옵션에 각 라우트 정의를 추가합니다.

▼ src/router.js

`JavaScript`

```javascript
const router = new VueRouter({
  routes: [
    {
      // 라우트1의 정의
    },
    {
      // 라우트2의 정의
    }
  ]
})
```

이러한 라우트 정의에 사용할 수 있는 옵션을 살펴봅시다.

📝 이름 있는 라우터

라우트에는 고유한 이름을 붙일 수 있습니다.

`JavaScript`

```javascript
const router = new VueRouter({
  routes: [
    {
      name: 'product', // 라우트에 이름 붙이기
      path: '/product',
      component: Product
    }
  ]
})
```

이름을 붙이면 URL이 복잡한 애플리케이션에서 코드를 간단하게 작성할 수 있습니다. 또한, 매개변수를 가진 내비게이션을 만들 때 이러한 이름이 필요합니다. 이와 관련된 구체적인 사용 방법은 이후에 설명하겠습니다.

📝 요청 매개변수

사용자 이름 또는 상품 ID와 같은 변할 수 있는 URL을 매치시킬 때는 요청 매개변수를 사용합니다.

JavaScript

```javascript
const router = new VueRouter({
  routes: [
    {
      path: '/product/:id', // URL을 통해 매개변수 받기
      component: Product
    }
  ]
})
```

여기에서 id라는 이름을 붙인 요청 매개변수는 다음과 같이 사용합니다.

JavaScript

```javascript
this.$route.params.id
```

이후에 설명하겠지만 실제로 사용할 때는 props를 기반으로 요청 매개변수를 사용하는 것이 좋습니다. 이와 관련된 내용은 이후에 '매개변수가 있는 동적 라우트로 콘텐츠 만들기'(295쪽)에서 자세하게 설명하겠습니다.

📝 쿼리

URL 쿼리는 다음과 같이 사용할 수 있습니다.

▼ 컴포넌트에서

JavaScript

```javascript
this.$route.query // 객체 형식으로 저장되어 있음
```

📝 메타 필드

페이지를 볼 때 인증이 필요한지 등의 라우트 고유 정보도 설정할 수 있습니다.

JavaScript

```javascript
const router = new VueRouter({
  routes: [
    {
      path: '/user',
      component: User,
      meta: { requiresAuth:true }
    }
  ]
})
```

실제로 이러한 정보를 사용해서 라우트 단위의 인증을 구현하는 방법 등은 이후의 '라우트 접근 제한'(319쪽)에서 설명하겠습니다.

📝 리다이렉트

특정 경로로 리다이렉트할 수도 있습니다.

JavaScript

```javascript
const router = new VueRouter({
  // '/a'에서 '/b'로 리다이렉트하기
  { path:'/a', redirect:'/b' },
  // 이름을 지정해서 리다이렉트하기
  { path:'/a', redirect:{ name:'foo' }}
})
```

내비게이션 만들기

각 페이지로 이동할 때는 `<router-link>`를 템플릿에 사용해서 링크를 만들거나, 직접 코드를 작성해서 이동합니다.

🖌️ 템플릿으로 내비게이션하기

`<router-link>`는 라우터 전용 링크를 자동으로 만들어 주는 내장 컴포넌트입니다. 기본적으로 to 속성에 경로를 지정합니다.

HTML

```html
<!-- 문자열 전달하기 -->
<router-link to="/product">
<!-- 템플릿 리터럴 사용하기 -->
<router-link :to="`/product/${ id }`">
```

기본적으로 `<a>` 태그로 만들어지지만, tag 속성을 지정하면 다른 태그로도 변경할 수 있습니다.

HTML

```html
<router-link to="/product" tag="button">
```

◆ 객체 형식으로 지정하기

다음과 같은 옵션을 사용해서 객체 형식으로도 지정할 수 있습니다.

객체	설명
name	라우트 이름
path	라우트 경로
params	요청 매개변수 객체
query	쿼리 객체

다만 params를 전달할 경우에는 이름을 라우트로 설정해야 합니다.

```html
<!-- 동작함 -->
<router-link :to="{ path: '/product' }">
<!-- query도 동작함 -->
<router-link :to="{ path: '/product', query: { page:1 } }">
<!-- 이는 params가 있으므로 동작하지 않음 -->
<router-link :to="{ path: '/product', params: { id:1 } }">
<!-- params가 있는 경우는 name을 지정해야 함 -->
<router-link :to="{ name: 'product', params: { id:1 } }">
```

◆ 액티브 링크 하이라이트

<router-link>를 사용해서 만든 링크는 자동으로 다음과 같은 클래스가 적용되어 액티브 상태인지 아닌지를 판단할 수 있습니다

클래스	설명
.router-link-exact-active	전체가 매치되는 라우트
.router-link-active	매치한 경로를 포함하는 라우트

상위 디렉터리처럼 관련된 라우트로 모두 하이라이트하고 싶은 경우는 .router-link-active 클래스를 사용합니다. 다음과 같이 스타일을 정의합니다.

▼ 하이라이트 전용 스타일

```css
.router-link-active { background: #e25193; }
```

실제로 스타일을 정의하면 다음과 같이 됩니다.

http://localhost:8080/#/	http://localhost:8080/#/product
Home 상품 정보	**Home** 상품 정보
# Home	# 상품 정보

확인하면 '상품 정보' 페이지를 출력할 때 'Home' 링크도 하이라이트가 함께 적용됩니다. 이는 '.router-link-active 클래스가 정의된 컴포넌트의 path 옵션'과 'URL 앞부분'이 일치하기 때문입니다. 따라서 'Home'의 라우트 경로 '/'은 모든 URL과 매치되는 문제가 발생합니다.

이러한 문제는 <router-link> 태그에 exact 속성을 적용해서 회피할 수 있습니다.

HTML

```
<router-link to="/" exact>
```

이렇게 하면 경로가 완전히 일치하는 경우에만 .router-link-active 클래스가 적용됩니다.

◆ replace 모드

replace 속성을 설정하면 router.replace()가 사용됩니다.

HTML

```
<router-link to="/product" replace>
```

이는 window 객체의 history.replaceState() 메서드처럼 이력 엔트리를 만드는 대신 현재 이력 엔트리를 수정합니다.

프로그램으로 내비게이션하기

특정 처리가 끝난 뒤에 페이지를 이동시키거나 할 때는 VueRouter 인스턴스가 가지고 있는 여러 가지 메서드를 사용합니다.

메서드	설명
push	이력 엔트리 추가하기
replace	이력 엔트리 수정하기
go	브라우저 레벨에서 페이지 이동하기

▼ 특정 메서드 내부에서　　　　　　　　　　　　　　　　　　　　`JavaScript`

```javascript
this.$router.push(`/product`)
```

<router-link>처럼 객체를 전달할 수 있습니다.

`JavaScript`

```javascript
this.$router.push({ name: 'product', params: { id: 1 }})
```

매개변수가 있는
동적 라우트로 콘텐츠 만들기

그럼 조금 더 실전적인 예로 '상품 페이지'처럼 URL 매개변수로 콘텐츠가 변하는 페이지를 만들어봅시다.

일단 목업(mockup) 페이지로 상품 목록 페이지 전용 'ProductList'와 상품 상세 페이지 전용 'Product' 컴포넌트를 정의하겠습니다.

▼ src/views/ProductList.vue
HTML

```html
<template>
  <div class="product-list"><h1>상품 목록</h1></div>
</template>
```

▼ src/views/Product.vue
HTML

```html
<template>
  <div class="product"><h1>상품 정보</h1></div>
</template>
```

POINT 페이지 컴포넌트의 구성

설명을 간단하게 하기 위해서 'views' 폴더 내부에 여러 가지 요소를 작성하고 있지만, 원래 어느 정도 규모의 애플리케이션을 만들 때는 'views' 폴더 내부의 파일이 레이아웃만 가지게 간단히 구성해야 합니다. 구체적인 요소는 컴포넌트로 구조화해서 'components' 폴더에 넣고 호출하는 형태로 만들어 주세요.

🖌 패턴 매치 라우팅

URL이 'http://localhost:8080/#/product/1'이라면 상품 ID '1'의 상세 정보를 출력하게 해 봅시다.

가변 경로는 **요청 매개변수**를 사용한 패턴 매치로 지정합니다. 'Home' 아래에 다음과 같은 라우트 정의를 입력해 주세요.

▼ src/router.js `JavaScript`

```javascript
import ProductList from '@/views/ProductList.vue'
import Product from '@/views/Product.vue'
export default new VueRouter({
  routes:[
    // ...
    {
      path: '/product', // ID가 붙어 있지 않으면 리스트 출력하기
      component: ProductList
    },
    {
      path: '/product/:id', // ':id'가 매개변수로 들어 있는 경우
      component: Product
    }
  ]
})
```

이 코드는 ':id' 부분에 어떤 문자열이 들어가도 'Product' 라우트와 매치됩니다. 숫자만 매치하게 하고 싶다면, 괄호를 사용해서 정규 표현식 패턴을 지정합니다.

`JavaScript`

```javascript
path: '/product/:id(\\d+)' // 숫자 ID만 매치하게 하기
```

이러한 요청 매개변수는 'id'라는 이름이 붙어 있어서 요청이 들어온 경우에는 컴포넌트에서 다음과 같이 $route.params.id로 접근할 수 있습니다.

```
this.$route.params.id // -> 1
```

전달받은 요청 매개변수를 컴포넌트에서 확인해 봅시다.

▼ src/views/Product.vue

```html
<template>
  <div class="product">
    <h1>상품 정보</h1>
    <p>이 페이지는 ID.{{ $route.params.id }}의 상세 정보를 출력합니다.</p>
  </div>
</template>
```

http://localhost:8080/#/product/1에 접근하면 요청 매개변수의 숫자가 출력되는 것을 확인할 수 있습니다.

▼ 실제 화면 출력

| Home | 상품 정보 |

상품 정보

이 페이지는 ID.1의 상세 정보를 출력함

📝 매개변수를 props로 컴포넌트에 전달하기

컴포넌트에서 $route를 직접 사용하면 라우트와 컴포넌트가 밀결합[8]되어 버립니다. 그래서 요청 매개변수는 되도록 props로 전달받는 것이 좋습니다. 그 이유는 밀결합되어 있으면 컴포넌트는 페이지로서만 기능할 수 있고, 단위 테스트 등도 힘들기 때문입니다.

라우트 정의에서 props 옵션을 true로 지정합니다.

---

8 옮긴이 밀결합(tight coupled)이란, 두 객체가 서로 떨어지면 기능을 하지 못할 정도로 긴밀하게 결합되는 것을 의미합니다. 반대말로는 소결합(loosely coupled)이 있습니다.

```javascript
{
  path: '/product/:id',
  component: Product,
  props: true // 매개변수를 props로 컴포넌트에 전달하기
}
```

이렇게 하면 컴포넌트에서 props로 요청 매개변수를 받을 수 있게 됩니다. 이번에는 컴포넌트에서 속성을 출력해서 확인해 봅시다.

▼ src/views/Product.vue

```html
<template>
  <div class="product">
    <h1>상품 정보</h1>
    <p>이 페이지는 ID.{{ id }}의 상세를 출력합니다.</p>
  </div>
</template>
<script>
export default {
  props: { id: Number }
}
</script>
```

출력은 가능하지만 URL의 ID는 문자열이므로 props 타입 오류가 발생해 버립니다. 라우팅의 props 옵션에는 객체 또는 함수의 정의를 실시할 수 있습니다. 이를 활용해서 전달하기 전에 자료형을 변환하도록 합시다.

▼ src/router.js

```javascript
{
  path: '/product/:id',
  component: Product,
  // 함수로 지정하면 첫 번째 매개변수로 현재 라우트 객체를 사용할 수 있음
  props: route => ({ id: Number(route.params.id) })
}
```

이렇게 하면 오류가 없어지고, 페이지에서의 사용에 의존하지 않는 컴포넌트가 됩니다!

🎨 콘텐츠 출력하기

간단하게 다음과 같은 목업 API를 준비했습니다. 실제로는 웹 API로 데이터를 추출하고 이를 Vuex에서 관리하게 될 것입니다.

▼ src/api/products.js

JavaScript

```javascript
// 상품 리스트 배열
const database = [
  { id: 1, name: '상품A', price: 100, content: '상품A 상세' },
  { id: 2, name: '상품B', price: 200, content: '상품B 상세' },
  { id: 3, name: '상품C', price: 300, content: '상품C 상세' }
]
// 임포트 대상에서 사용할 수 있는 함수를 객체로 정의하기
export default {
  fetch(id) { return database },
  find(id)  { return database.find(el => el.id === id) },
  asyncFind(id, callback)  {
    setTimeout(() => {
      callback(database.find(el => el.id === id))
    }, 1000)
  }
}
```

◆ 상품 목록 출력하기

'ProductList' 컴포넌트에 상품 목록을 출력하고, 'Product' 컴포넌트로 이동하게 만들어봅시다.

▼ src/views/ProductList.vue

HTML

```html
<template>
  <div class="product-list">
    <h1>상품 목록</h1>
    <ul>
      <li v-for="{ id, name } in list" :key="id">
        <router-link :to="`/product/${ id }`">{{ name }}</router-link>
      </li>
    </ul>
  </div>
```

▼

```
</template>

<script>
import products from '@/api/products.js'
export default {
  computed: {
    list: () => products.fetch()
  }
}
</script>
```

▼ 실제 화면 출력

◆ 상품 정보 출력하기

상품 상세 페이지 전용 'Product' 컴포넌트에서는 props의 id를 감시해서 변경이 있을 경우 비동기 통신 등으로 상세 정보를 가져오게 합니다.

▼ src/views/Product.vue   **HTML**

```
<template>
  <div class="product" v-if="item" key="product">
    <h1>상품 정보</h1>
    <dl class="product-table">
      <dt>상품 이름</dt><dd>{{ item.name }}</dd>
      <dt>가격</dt><dd>{{ item.price }}원</dd>
      <dt>상품 설명</dt><dd>{{ item.content }}</dd>
    </dl>
  </div>
  <div v-else key="loading">상품 정보를 읽어 들이고 있습니다...</div>
```

```
</template>

<script>
import products from '@/api/products.js'
export default {
  props: { id:Number },
  data() {
    return {
      item: null
    }
  },
  watch: {
    id: {
      handler() {
        products.asyncFind(this.id, item => {
          this.item = item
        })
      }, immediate: true
    }
  }
}
</script>
```

라이프 사이클 created에서 상품 정보를 읽어 들이지 않은 이유는 매개변수와 쿼리 변경은 컴포넌트의 라이프 사이클 초기화에 어떤 영향을 주는 것이 아니기 때문입니다.

Home	상품 정보

상품 정보

상품 이름	상품A
가격	1000원
상품 설명	상품A 설명

상품 목록 페이지와 상세 페이지를 연결해 보았습니다. 이처럼 로직을 조합해서 기본적인 SPA 페이지를 구축할 수 있습니다.

네스트되어 있는 복잡한 페이지 만들기

네스트되어 있는 라우트를 정의하면 다음과 같이 'Product' 컴포넌트의 내용을 세부적으로 구분해서 더욱 복잡한 화면 이동을 구현할 수 있습니다.

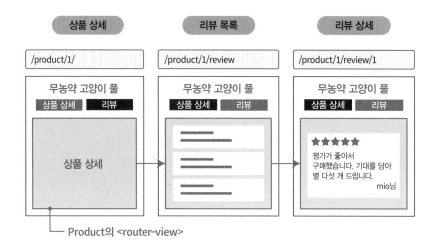

이처럼 네스트되어 있는 라우트를 정의하는 방법, 그리고 이렇게 네스트했을 때 데이터를 공유하는 방법에 대해서 알아보겠습니다.

🖌 네스트된 라우트 정의하기

'Product'의 자식 라우트를 다음과 같은 세 개의 컴포넌트를 정의합니다.

- ProductHome: 상품 상세
- ProductReview: 상품 리뷰 목록
- ProductReviewDetail: 상품 리뷰 상세

```javascript
import ProductList from '@/views/ProductList.vue' // 상품 목록
import Product from '@/views/Product.vue'          // 상품 상세
// Product의 자식 라우트들
import ProductHome from '@/views/Product/Home.vue'
import ProductReview from '@/views/Product/Review.vue'
import ProductReviewDetail from '@/views/Product/ReviewDetail.vue'
```

특정 루트의 children 옵션에 자식 라우트 정의를 등록합니다.

▼ src/router.js

```javascript
const router = new VueRouter({
  routes: [
    // 상품 목록 페이지
    {
      path: '/product',
      component: ProductList,
    },
    // 상품 정보 페이지
    {
      path: '/product/:id',
      component: Product,
      props: route => ({ id: Number(route.params.id) }),
      children:[
        // 상품 정보(디폴트 라우트)
        {
          name: 'product-home',
          path: '',
          component: ProductHome
        },
        // 상품 리뷰 목록
        {
          name: 'product-review',
          path: 'review',
          component: ProductReview
        },
        // 상품 리뷰 상세
        {
          name: 'review-detail',
          path: 'review/:rid', // 부모 라우트와 다른 매개변수 지정하기
```

▼

```
            component: ProductReviewDetail
        }
      ]
    }
  ]
})
```

📝 데이터 공유에는 Vuex 사용하기

<router-view>를 사용할 때는 props로 데이터를 주고받는 것이 어려우므로, 라우트끼리 데이터를 공유하려면 Vuex를 사용하는 것이 좋습니다. 다음과 같은 Vuex 모듈을 만듭시다. Vuex의 사용 방법과 관련된 내용은 8장에서 설명했습니다.

▼ src/store/product.js   **JavaScript**

```javascript
import products from '@/api/products.js'
// 상품 상세 전용 Vuex 모듈
export default {
  namespaced: true,
  state: {
    detail: {}
  },
  getters: {
    detail: state => state.detail
  },
  mutations: {
    set(state, { detail }) { state.detail = detail },
    clear(state) { state.detail = {} }
  },
  actions: {
    load({ commit }, id) {
      products.asyncFind(id, detail => {
        commit('set', { detail })
      })
    },
    destroy({ commit }) {
      commit('clear')
    }
  }
}
```

부모 라우트에서 읽어 들인 상품 상세 정보를 자식 루트에도 전달할 수 있게 되었습니다.

🖍 부모 라우트 전용 컴포넌트 정의하기

부모 라우트인 'Product' 컴포넌트의 템플릿에서 `<router-view>`를 사용하면, 해당 위치에 자식 라우트 컴포넌트가 들어갑니다. 자식 라우트에서도 공유하고 싶은 데이터가 있다면 마찬가지로 여기에서 읽어 들입니다.

▼ src/views/Product.vue `HTML`

```html
<template>
  <div class="product">
    <h1>{{ detail.name }}</h1>
    <nav class="nav">
      <router-link :to="{ name: 'product-home' }">상품 상세</router-link>
      <router-link :to="{ name: 'product-review' }">리뷰</router-link>
    </nav>
    <!-- 여기에 자식이 들어감 -->
    <router-view />
  </div>
</template>

<script>
import { mapGetters } from 'vuex'
export default {
  props: { id:Number },
  computed: mapGetters('product', ['detail']),
  watch: {
    id: {
      handler() {
        this.$store.dispatch('product/load', this.id)
      }, immediate:true
    }
  },
  beforeDestroy() {
    // 부모를 이동할 때 상품 상세 데이터 제거하기
    this.$store.dispatch('product/destroy')
  }
}
</script>
```

리뷰 목록과 리뷰 상태 컴포넌트는 상품 목록과 상품 상세 컴포넌트와 동일한 방법으로 만들 수 있습니다.

◆ 매개변수를 가진 링크를 만들 때는 이름 있는 라우트 사용하기

URL을 계층화하면 상대 경로를 사용할 수 없으므로 `<router-link>`로 경로를 지정하는 것이 조금 귀찮아질 수 있습니다.

HTML

```html
<!-- 모든 매개변수를 지정해야만 이동할 수 있음 -->
<router-link :to="`/product/${ id }/review`">리뷰</router-link>
```

라우트에 이름을 설정하면 상태 경로 또는 매개변수 문제를 자동으로 해결할 수 있습니다.

HTML

```html
<!-- 다른 자식 라우트로 이동한 후에도 간단하게 돌아올 수 있음 -->
<router-link :to="{ name:'product-review' }">리뷰</router-link>
```

◆ 네스트 때의 URL

라우트의 부모 자식 관계는 기본적으로 디렉터리 계층처럼 표현되지만, 슬래시로 시작하는 path는 절대 경로가 되므로 주의해야 합니다.

JavaScript

```javascript
{
  path: '/product/:id',
  component: Product,
  children: [
    {
      path: '/review', // 슬래시로 시작하는 형태
      component: ProductReview
    },
  ]
}
```

위 예에서 'ProductReview'는 'Product의 <router-view>로 렌더링되기는 하지만, URL이 다음과 같이 됩니다.

```
http://localhost:8080/#/review
```

물론, 절대 이렇게 하면 안 된다는 것은 아닙니다. 이를 적절히 활용하면 다양한 라우트를 정의할 수도 있을 것입니다.

'내비게이션 가드'는 이동을 조작하기 위한 훅입니다. 내비게이션 가드는 이동 전에 인증 상태를 확인하거나, 초기 데이터를 모두 읽어 들인 후 이동하는 등의 처리를 구현할 때 사용합니다.

내비게이션 가드의 매개변수

내비게이션 가드들은 다음과 같은 세 개의 매개변수를 받습니다.

매개변수	설명
to	이동 후의 라우트 객체
from	이동 전의 라우트 객체
next	내비게이션 해결 전용 콜백 함수

원하는 시점에 next() 함수를 호출하면, 훅이 해결되어 라우트 이동이 일어납니다. 해결 결과 등은 next() 함수의 매개변수로 지정합니다. 일반적으로 다음과 같은 두 가지 형태를 많이 사용합니다.

JavaScript

```javascript
next()       // 라우트 이동 허가
next(false)  // 라우트 이동 중단
```

◆ 이동하지 않을 때 next(false) 호출하기

아무것도 실행하지 않으면 훅이 해결되지 않으므로, 다음 훅이 아예 호출되지 않습니다. 라우트 이동을 중지할 경우에는 next(false)를 명시적으로 호출해서 다음 훅을 호출하고 라우트 URL로 리다이렉트합니다.

추가로 매개변수로 경로를 전달하면 임의의 라우트로 리다이렉트할 수 있습니다.

```javascript
next('/')
next({ path: '/' })
```

여러 개의 훅을 함께 사용할 수도 있지만, 이러한 경우 각각의 훅을 모두 해결해 줘야 합니다. 예를 들어 처음에 호출된 훅에서 next()를 호출하더라도 이후에 또 호출될 훅을 정의했다면, next()를 또 호출해 줘야 합니다.

> **POINT** 내비게이션 가드의 트리거
>
> 매개변수와 쿼리 변경은 내비게이션 가드의 enter 또는 leave의 트리거가 되지 않습니다. 컴포넌트의 라이프 사이클과 관련된 생성/파기에도 영향이 없습니다. 이러한 경우는 대신 update 계열의 훅이 호출됩니다.

🖊 라우트 단위 가드

그럼 일단 라우트 단위의 내비게이션 가드를 살펴봅시다. 매개변수 확인과 같은 라우트 고유의 처리를 할 때 사용합니다.

메서드 이름	시점
beforeEnter	라우트 이동 전

```javascript
const router = new VueRouter({
  routes: [
    {
      path: '/foo',
      component: Foo,
      beforeEnter(to, from, next) {
        console.log('route:beforeEnter')
        next() // 이동해도 괜찮으면 next() 실행하기
      }
```

▼

```
      }
    ]
})
```

🖋 전역 가드

라우트 인스턴스를 사용해서 전역에 등록된 내비게이션 가드는 모두 라우트에 혹됩니다. 인증 처리처럼 모든 라우트에서 공통으로 해야 하는 것이 있을 때 사용합니다.

메서드 이름	시점
beforeEach	모든 라우트의 이동 전, 컴포넌트 가드 해결 전
beforeResolve	모든 라우트의 이동 전, 컴포넌트 가드 해결 후
afterEach	모든 라우트의 이동 후

afterEach는 next를 사용하지 않습니다. 사실 가드라고 말하기도 뭐한 단순한 혹이라고 할 수 있습니다.

JavaScript

```javascript
router.beforeEach((to, from, next) => {
  console.log('global:beforeEach')
  next()
})
router.beforeResolve((to, from, next) => {
  console.log('global:beforeResolve')
  next()
})
router.afterEach((to, from) => {
  console.log('global:afterEach')
  // 모든 라우트에서 공통으로 하는 처리
})
```

🖌 컴포넌트 가드

컴포넌트에서는 다음과 같은 훅을 사용할 수 있습니다. 초기 데이터 또는 비동기로 읽어 들인 후에 이동할 때 많이 사용합니다.

메서드 이름	시점
beforeRouteEnter	해당 컴포넌트로 이동하기 전
beforeRouteUpdate	해당 컴포넌트에서 라우트가 변경되기 전
beforeRouteLeave	해당 컴포넌트에서 밖으로 이동하기 전

▼ 가드를 적용한 컴포넌트   **JavaScript**

```javascript
export default {
  beforeRouteEnter(to, from, next) {
    console.log('component:beforeRouteEnter', this) // -> undefined
    next()
  },
  beforeRouteUpdate(to, from, next) {
    console.log('component:beforeRouteUpdate', this) // -> VueComponent
    next()
    // 매개변수와 쿼리 변경(예를 들어 '/user/1'에서 '/user/2'로 이동)
    // 컴포넌트는 재사용되며 가드가 호출됨
  },
  beforeRouteLeave(to, from, next) {
    console.log('component:beforeRouteLeave', this) // -> VueComponent
    next()
  }
}
```

beforeRouteEnter에서는 컴포넌트 인스턴스 **this**를 사용할 수 없습니다. 이는 이동할지 판정을 기다리고 있는 상태이므로 아직 컴포넌트 인스턴스가 생성되지 않았습니다.

대신 다음과 같이 **next** 함수의 콜백 매개변수를 사용하면 컴포넌트 인스턴스에 접근할 수 있습니다.

```javascript
export default {
  beforeRouteEnter(to, from, next) {
    next(vm => {
      console.log(vm) // -> VueComponent
      // next의 콜백에서 컴포넌트의 인스턴스에 접근 가능
    })
  }
}
```

📝 내비게이션 해결 흐름 정리

내비게이션은 다음과 같은 흐름으로 진행됩니다.

❶ 내비게이션이 트리거됨

❷ 비액티브화된 컴포넌트에서 leave 가드를 호출함

❸ 전역 beforeEach 가드를 호출함

❹ 재사용되는 컴포넌트에서 beforeRouteUpdate 가드를 호출함

❺ 라우트 설정 내부의 beforeEnter를 호출함

❻ 비동기 라우트 컴포넌트를 해결함

❼ 액티브화된 컴포넌트에서 beforeRouteUpdate를 호출함

❽ 전역 beforeResolve 가드를 호출함

❾ 내비게이션이 확정됨

❿ 전역 afterEach 훅을 호출함

⓫ DOM 변경이 트리거됨

⓬ beforeRouteEnter의 next로 전달된 콜백 호출함

위에서 언급된 비동기 라우트 컴포넌트는 webpack 등의 분할 기능 등을 사용해서 컴포넌트를 비동기로 읽어 들이는 컴포넌트를 의미합니다. 이와 관련된 내용은 이후의 55절 '자주 사용하는 기능과 옵션'의 '비동기로 컴포넌트 읽어 들이기'(318쪽)에서 자세히 설명하겠습니다.

페이지 이동 효과 적용하기

트랜지션을 사용해서 조금 멋진 이동 효과를 만들어봅시다.

간단한 트랜지션

<router-view>는 동적 컴포넌트로 변경되면서 들어오므로 <transition> 태그를 사용할 수 있습니다. 크로스 페이드 또는 슬라이드와 같은 애니메이션을 적용할 때는 이 방법을 사용하는 것이 가장 간단합니다.

HTML

```
<transition name="view">
  <router-view />
</transition>
```

▼ 페이지 이동 스타일 정의하기

CSS

```
.view-enter-active, .view-leave-active {
  transition: opacity 0.5s;
}
.view-leave-active {
  position: absolute;
}
.view-enter, .view-leave-to {
  opacity: 0;
}
```

이 방법은 내비게이션 이동이 지연되었을 경우에도 next()를 호출하는 시점에 트랜지션이 시작됩니다.

🖋 비동기 처리를 포함한 트랜지션

데이터를 읽어 들이는 동안 오버레이 등을 출력하고 싶을 때는 내비게이션 가드를 사용해서 일시적으로 특정 컴포넌트를 렌더링하는 방법을 사용합니다. Vuex를 사용해서 로딩 상태를 준비해 두고, 라우터의 전역 훅을 사용해서 상태를 변경해 봅시다.

▼ 라우터뷰 전용 Vuex 모듈   **JavaScript**

```javascript
export default {
  namespaced: true,
  state: {
    loading: false
  },
  mutations: {
    start(state) { state.loading = true },
    end(state) { state.loading = false }
  }
}
```

▼ 전역적인 내비게이션 가드   **JavaScript**

```javascript
router.beforeEach((to, from, next) => {
  store.commit('view/start')
  next()
})
router.afterEach(() => {
  store.commit('view/end')
})
```

오버레이 전용 컴포넌트를 생성합니다.

▼ src/components/LoadingOverlay.vue   **HTML**

```html
<template>
  <transition name="loading">
    <div class="loading" v-if="loading">Loading</div>
  </transition>
</template>
```

```
<script>
export default {
  computed: {
    loading() { return this.$store.state.view.loading }
  }
}
</script>
```

loading 트랜지션의 leave-active 클래스에 view 트랜지션만큼의 딜레이를 적용하면, 라우터 뷰가 변화한 후에 오버레이가 사라지도록 할 수 있습니다.

```css
.loading-enter-active {
  transition:all 0.25s;
}
.loading-leave-active {
  transition:all 0.5s ease 0.5s; /* 라우터 뷰가 끝난 후 */
}
```

▼ 오버레이 전용 컴포넌트 사용하기

```html
<transition name="view">
  <router-view />
</transition>
<LoadingOverlay /><!-- 오버레이 전용 컴포넌트 -->
```

다음과 같이 시간이 걸리는 이동 때만 오버레이가 출력되게 합니다.

▼ 컴포넌트 내비게이션 가드

```javascript
export default {
  beforeRouteEnter(to, from, next) {
    setTimeout(next, 1000)
    // 이동이 실패했을 때는 store.commit('view/end') 실행하기
  }
}
```

컴포넌트로 만들었으므로 다음과 같이 로딩 아이콘을 넣거나 하여 이동을 다양하게 알릴 수 있습니다.

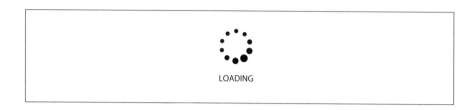

55 자주 사용하는 기능과 옵션

Vue Router는 이 이외에도 다양한 옵션이 있습니다. 일반적으로 많이 사용하는 옵션과 이를 응용하는 예를 살펴봅시다.

🖌 이동 전에 컴포넌트 읽어 들이기

이동 전과 후의 라이프 사이클을 사용해서 데이터를 읽어 들일 수도 있지만, 내비게이션 가드를 사용하는 것이 훨씬 간단합니다.

▼ 이동 전에 데이터를 읽어 들이는 컴포넌트 `JavaScript`

```javascript
import products from '@/api/products.js'
export default {
  data() {
    return {
      item: null
    }
  },
  // enter는 this를 사용할 수 없으므로 구현이 달라짐
  beforeRouteEnter(to, from, next) {
    products.asyncFind(Number(to.params.id), item => {
      next(vm => { vm.item = item })
    })
  },
  beforeRouteUpdate(to, from, next) {
    products.asyncFind(Number(to.params.id), item => {
      this.item = item
      next()
    })
  }
}
```

업무 용도로 구현할 때는 오류 처리도 넣어 주는 것이 좋습니다.

🖌 비동기로 컴포넌트 읽어 들이기

Vue CLI의 디폴트 설정을 사용하면, 애플리케이션 코드가 모두 'app.js'라는 하나의 파일로 모아집니다. 하지만 라우트 또는 컴포넌트의 수가 많아졌을 때, 모든 코드를 읽어 들이면 초기 로딩 시간이 오래 걸립니다.

webpack의 코드 분할 기능을 사용하면, 출력되는 파일을 분할해서 필요한 시점에 분할된 파일을 읽어 들이게 할 수 있습니다.

▼ 라우트 전용 컴포넌트를 비동기적으로 읽어 들이기　　　　　　　　　　`JavaScript`

```javascript
// 비동기 컴포넌트
const About = () => import('@/views/About')
const router = new VueRouter({
  routes: [
    {
      path: '/about',
      component: About
      // 다음과 같이 작성할 수도 있음
      // component: () => import('@/views/About')
    }
  ]
})
```

다음과 같이 옵션으로 등록한 컴포넌트에도 사용할 수 있습니다.

▼ 옵션 전용 컴포넌트를 비동기적으로 읽어 들이기　　　　　　　　　　`JavaScript`

```javascript
export default {
  components: {
    MyComponent: () => import('@/components/MyComponent')
  }
}
```

'import의 리턴 값'을 직접 사용하는 것이 아니라, 'import를 호출하는 함수'를 사용하는 것이므로 주의하세요. 자주 접근하지 않는 페이지나 큰 컴포넌트에 이를 사용하면 굉장히 효과적입니다.

🖊 라우트 접근 제한

특정 라우트에 접근을 제한할 수도 있습니다. 인증을 확인해야 하는 라우트가 여러 개 있을 때는 글로벌 가드를 사용합니다. 메타 필드에 requireAuth를 true로 입력하면 인증을 요구합니다.

```javascript
{
  path: '/user',
  component: User,
  meta: { requiresAuth: true }
}
```

라우트 객체의 matched 속성이 네스트된 경우, 모든 부모 라우트 객체를 포함하게 됩니다. 예를 들어 다음 코드는 부모 라우트에 인증을 적용해, 자식 라우트 전체에서도 인증을 적용하는 예입니다.

```javascript
router.beforeEach((to, from, next) => {
  // 상위 라우트를 포함해 인증이 필요한 라우트인지를 확인하기
  if (to.matched.some(record => record.meta.requiresAuth)) {
    // 인증 상태 확인하기
    if (!auth.loggedIn()) {
      // 인증되어 있지 않으면 로그인 페이지로 리다이렉트
      next({
        path: '/login',
        query: { redirect:to.fullPath }
      })
    } else {
      next()
    }
  } else {
    next() // 인증이 필요하지 않은 라우트라면 next()로 이동
  }
})
```

인증 전용 API인 auth를 구현하는 방법은 이 책의 지원 페이지를 참고해 주세요.

스크롤 동작 조작하기

내비게이션 링크는 헤더뿐만 아니라, 스크롤이 필요한 콘텐츠 내부에도 들어갈 수도 있습니다. 스크롤의 위치는 일반적으로 이동 후에도 유지되지만, 특정 위치로 이동시킬 때는 scrollBehavior 옵션을 사용합니다.

JavaScript

```javascript
const router = new VueRouter({
  routes:[...],
  scrollBehavior (to, from, savedPosition) {
    if (savedPosition) {
      return savedPosition
    } else {
      return { x:0, y:0 }
    }
  }
})
```

이동시키고 싶은 위치를 객체로 리턴합니다.

세 번째 매개변수인 savedPosition이 있을 경우에는 웹 브라우저의 '뒤로 가기'로 이를 리턴해서 이전 위치로 돌아갈 수 있습니다.

SPA를 사용할 때의 주의점

SPA를 사용하면 렌더링 성능을 비약적으로 향상시킬 수 있지만, 브라우저의 디폴트 페이지 이동이 일어나지 않으므로 데이터와 이벤트를 사용할 때 조금 주의해야 하는 부분이 있습니다.

컴포넌트에서 정의한 데이터와 이벤트 리스너는 일반적으로 해당 컴포넌트가 제거될 때 함께 제거됩니다. 컴포넌트 이외의 부분에서 데이터를 가져오거나, 직접 DOM에 추가한 이벤트 리스너는 명시적으로 제거하기 전까지 남아 있으므로 성능을 저하시키거나, 메모리 누수의 원인이 됩니다. 컴포넌트가 제거될 때 훅을 사용해 확실하게 제거하기 바랍니다.

JavaScript

```javascript
export default {
  // ...
  created() {
    window.addEventListener('scroll', this.handleScroll)
  },
  // beforeDestroy와 destroyed를 사용해서 제거하기 바람!
  beforeDestroy() {
    window.removeEventListener('scroll', this.handleScroll)
  }
}
```

Vue.js 이외의 다양한 라이브러리를 사용할 경우, 데이터 제거 메서드가 따로 제공되지 않는지 확인합시다. v-on을 사용해서 핸들하거나 워처를 사용해서 감시하면, Vue.js 라이브 사이클에 여러 가지를 맡길 수 있으므로 편해집니다.

☑ **정리**

- Vue Router는 SPA를 구축하기 위한 라우팅 전용 라이브러리입니다.
- 필요한 것만 읽어 들이면 성능을 최적화할 수 있습니다.
- URL과 연결된 페이지도 컴포넌트로 만듭니다.
- 라우트를 네스트하면 복잡한 페이지 이동도 구현할 수 있습니다.
- 트랜지션을 사용한 페이지 이동도 간단하게 만들 수 있습니다.

에필로그

📝 감사의 말

일단 바쁜 와중에 리뷰를 해 주신 키무라 테츠로(木村哲朗) 님, 닛타 소이치로(新田 聰一郎) 님, 그리고 Vue.js 코어 팀 멤버인 K 님에게 깊은 감사의 말씀을 드립니다. 문장 교정, 공식 정보와의 정합성, 제안까지 많은 조언을 주셨습니다.

또한, 첫 집필이라 불안할 때가 많았는데, 따뜻한 말을 건네 주셨던 C&R 연구소의 요시나리 아키히사(吉成明久) 님, 집필과 관련된 조언을 해 주셨던 '와카바씨와 함께 배우는(わかばちゃんと学ぶ)' 시리즈의 저자인 미나토가와 아이(湊川あい) 님에게도 싶 은 감사의 말씀드립니다.

아울러 메일과 SNS로도 많은 응원의 말을 해 주셨던 분들, 덕분에 무사히 원고를 마감할 수 있었습니다.

📝 맺음말

이 책은 최종적으로 어떤 완성된 프로그램을 만드는 튜토리얼 형태의 내용이 아니 라, 각 기능을 세부적으로 설명하는 레퍼런스 형태의 내용입니다. 따라서 공식 가이 드를 조금 더 자세하게 설명하고, 세부적인 기능에 대한 사용 방법을 실었습니다.

Vue.js의 기능, 그리고 이와 관련된 에코시스템을 모두 설명하기에는 이 책의 기획 의도를 넘어서는 분량이라 모든 것을 설명하는 대신 이해하기 어려운 부분, 지나치기 쉬운 기능, 많이 사용되는 기능, 실제 제품에서 많이 사용되는 정보 등을 선별하여 담았습니다.

Vue.js는 단순한 웹 사이트 또는 웹 애플리케이션뿐만 아니라 이 외에도 다양한 형태의 애플리케이션을 만들 때 사용할 수 있습니다.

- SSR를 사용한 고속 초기 렌더링, OGP 대응
- PWA를 사용한 애플리케이션 형태의 스마트폰 사이트
- Electron을 사용한 데스크톱 애플리케이션
- NativeScript를 사용한 스마트폰 애플리케이션

또한, TypeScript나 자동 테스트 같은 개발과 관련된 지원에도 충실합니다. Vue.js를 접하면 지금까지 경험하지 못한 개발과 접할 기회가 많아질 것입니다.

원래부터 글 쓰는 것을 좋아해서 전부터 활발하게 블로그와 Qiita[8]에 글을 올렸지만, 처음 집필 제의를 받았을 때는 굉장히 놀랐습니다.

저 자신도 Vue.js를 처음 사용하고부터 1년 정도밖에 되지 않았던 때라서 직접 공부하며 이해하기 어려웠던 부분, 필요했던 부분이 아직 머리에 남아 있는 시기였습니다. 그래서 처음 Vue.js를 공부하던 때를 떠올리며 그 관점에 맞춰 책을 집필했습니다.

이 책을 통해서 Vue.js를 사용한 애플리케이션 개발의 즐거움을 조금이라도 전하고, 그에 따른 공부와 실제 개발에 도움이 되었으면 좋겠습니다.

마지막까지 읽어 주셔서 감사합니다.

mio

---

8 **옮긴이** 일본의 개발 관련 글을 업로드하는 사이트입니다.

🖋 리뷰어

◆ 일본 리뷰어

- 키무라 테츠로(주식회사 마보로시)
- 닛타 소이치로(Nitta.Studio)
- K(Vue.js 코어 팀 멤버)

◆ 한국 리뷰어

- 베타리더 후기 페이지 참고

🖋 참고 문헌

- **Vue.js 공식 문서**
  URL https://vuejs.org/

- **Vuex 공식 문서**
  URL https://vuex.vuejs.org/

- **Vue Router 공식 문서**
  URL https://router.vuejs.org/

- **Vue.js Ver2 스타일 가이드**
  URL https://vuejs.org/v2/style-guide/

- **MDN 웹 문서**
  URL https://developer.mozilla.org/

찾아보기